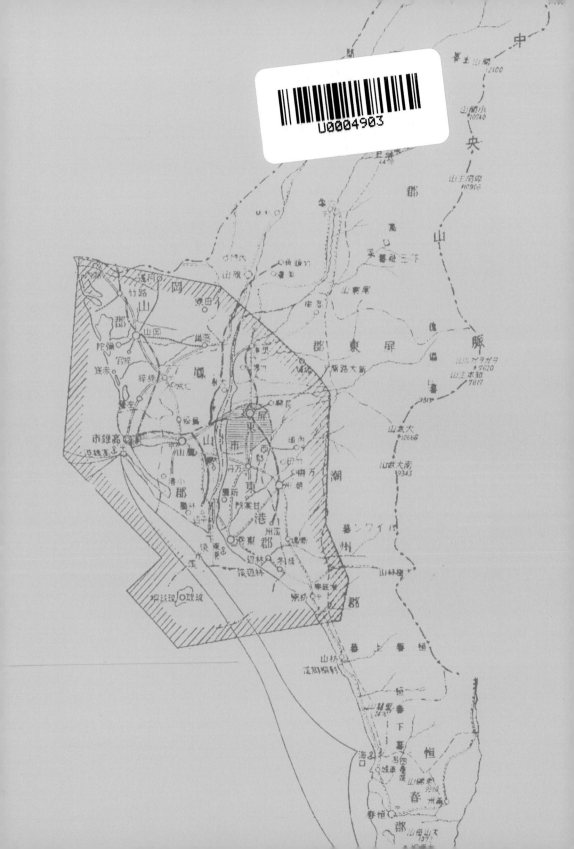

縮尺六十万分一

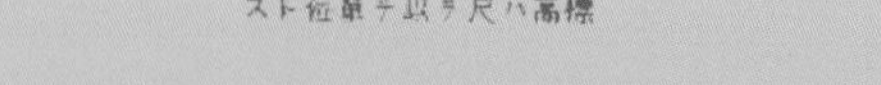

標高ハ尺ヲ以テ單位トス

台灣地圖 041

新港都
舊食光

高雄巷弄間的百樣滋味

楊路得◎著

晨星出版

目次

推薦序 一

有情高雄有情天

楊路得，她說：「大學畢業後，沒做過什麼出息事。有的只是在外商公司認識身邊的先生，老老實實地嫁做人婦。」然後，她將這本書獻給「吾父茂煌、吾夫明憲、吾子書亞」。我接受了一個這樣的作者，這樣家常的女子。

比起楊路得敢說她是永遠的「正港高雄人」；我卻只能說「我這隻過境鳥，也將高雄住成了故鄉。」

高雄，一個集海陸空交通的現代城市，當我以老文青的慢行走在這個城市，我是否曾與這位騎著單車輕鬆踩踏在高雄大街衢小巷弄的家常女子擦身？甚至撞個滿懷？我不識楊路得，卻在書中看見另一個年輕的我。一個很懂得關懷，很懂得尋常過日子的我。寫熟悉的居住地，不同於旅行，楊路得卻讓這本書寫成了旅行書，有著隨性而走的自在，但在其中卻又多了因熟稔而產生的深度關注。

喜歡她的敏銳度，當她寫「她的先生戴著像蔣經國的眼鏡」活靈活現的經國形象浮了上來。對於人，楊路得懂得溫柔的靠近，溫柔的蹲下，與受訪者同樣高度的提供信賴感，於是而有「這豬肘子已經去骨，我用老家特有的醬料醃製做成的。回去只要冷藏，要吃的時候，像這樣拿出來切片就好了。你們看，這豬腳片像不像年輪，一層焦糖的外皮，一層晶瑩透頂的薄凍，一層雪白脂肪，一層玫瑰色的紅肉。來，現在要不要先嚐嚐看。」當視己如親，對話者必能在觸摸中體味真情的溫度。

同樣住在前鎮區，楊路得經歷的是「那是在一個充滿禁忌的年代，學校裡藏著許多不能說的祕密。」而我總是不小心在以鏡頭撈拾兵工廠鐵絲網上的阿勃勒時，與荷槍的士兵面面相覷，然後像隻鴕鳥般。頭一縮，遁回自己。

　　高雄美食不少，但那些懷念的滋味，卻經常只是市場邊不知名的高雄味。是新興區賣了一輩子肉圓的阿婆；或是三民區見識到冬季裡煮著一鍋鍋野生烏魚的過程；更甚者只是左營區即使病痛中仍執意做著美味飯糰的太太。楊路得寫美味，寫得入味。只是經過了，攀談了，就真的進入心底去咀嚼與回甘了。

　　而 2009 年的莫拉克颱風過後，我一步步走進災區，聽著那瑪夏災民冷靜的細述著家人如何躲不過大劫，如何滿山滿野尋不到屍骨，那種冷靜是如此舉重還輕，如此沉重的掩埋了情傷，硬起自己面對一雙雙來訪觀光客憐憫的眼神。所有的崩毀只是一瞬；所有的偽裝與療癒卻是每天必要的功課。

　　那些穿梭紅毛港汕頭街的日子，楊路得聽見了漁民的心底話：「空氣變稞阿。大家攏有夠思念早時的漁港，有夠嬌，攔就熱鬧，空氣嘛好。養蝦子、捕烏魚，厝邊頭尾大家攏來湊幫忙。」與她同步的，我正在紅毛港憑弔那些舊回憶。

　　高雄很新，卻能在行走間遇見真正的老高雄。你看見了嗎？那些屬於高雄人才有的堅強與韌性，正如市花木棉般高傲的昂首。

2017.08.24

推薦序

二

品嚐美麗而豐富的在地人文風景

　　透過閱讀路得的新作《新港都‧舊食光》，從觀察入微的視野與充滿感情的筆觸，使我從字裡行間領略港都的文化風采，改變了我對高雄的印象。

　　對於我這個老台北人而言，高雄是個相當陌生的城市，兩年多前，老母遷至高雄與親人同住，我開始有數次南下高雄探親的旅程。

　　高雄寬大的馬路與人行道（有別於北台灣狹小騎樓、人行道的行路難）令人驚艷；兩年來我去過旗津港、參觀過現代新穎的市立圖書館、大東藝術中心、新景點草衙道商場以及古蹟西子灣英國領事館，也坐船遊覽過愛河夜景。從一個旅客的角度而言，只能從網路或一般旅遊介紹尋找這些硬體建設景點，但大略掃過一次後，就覺得該去的都去過了，不知高雄還有什麼值得玩味的地方？或許也是因為缺乏足夠時間與深入的導覽，使我無從繼續探索這個南台灣最大都市的深刻之處。

　　路得的這本新作，補足了這個缺憾。

　　認識路得，是在二十年前，當時她是一位聰明可愛的大學生，沒想到如今她成為一位生活散文作家，這數年中她經歷生活各樣酸甜苦辣的滋味，造就了她細膩、觀察入微、情感豐富的文筆。

　　路得以自己的出生地為原點，用文筆為讀者開展關於高雄的一頁頁故事，從凹子底到左營舊城，共十六個故事，使我們得以窺知高雄的過去、現在與未來。

　　路得長久生活在高雄，從童年、少女時代，以至結婚生子、定居，整個高雄充滿了她數十年的生活腳印。因此從她眼中詳實紀錄了高雄由蠻荒、建設與再造的諸般歷程，她又以此為背景，關注那些在都市變遷之中，努力調適以求生存的人們，那些都市小人物其實都是路得對於當地美食的記憶。路得巧妙地運用這些發自於真材實料的美食滋味，串連平凡人的奮鬥與滄桑

起落的故事，讓讀者在想像美食氣味的同時，也可感受到人世變遷的況味，從而體驗小人物求生存的智慧。比如，第一篇，路得從凹子底森林公園的興起過程，紀錄一位賣飯糰媽媽的人生起伏與成功故事，有著小說筆法的懸疑感；第三篇，從現代輕軌建設對比傳統漁港市場生態，一家外貌不揚的小吃店如何推出船員的菜單，結合海產店、川菜、日式料理、客家菜的十數道菜色以吸引來自不同背景的食客。

因此，閱讀本書每一篇故事，我們可以瞭解高雄每一個角落的今昔變遷，在那之後，真正吸引旅人的，其實是人生的辛酸與甜蜜的各樣滋味。從路得筆下，我們可以感受到她對這塊土地與人、事物的深情，充分展現一位真正高雄在地人的文化素養與社會關懷。

讀畢此書，深刻體會一個城市的變遷原來就埋藏在一個在地人的記憶深處，因為蠻荒與建設、破壞與創新之間，正包含了你、我人生的轉折故事，或許我們都無法再回到原點，但是凡是奮鬥過的，必留下痕跡。我們仍然可以學習如何以嶄新觀點，找到新的奮鬥力量與勇氣，在各式各樣的變遷、挑戰之中，為自己的人生留下美麗的足印。

下次走訪高雄，我一定會將此書放在我的背包裡，去尋覓與體驗作者筆下的美食與人的風景滋味。

牧師、作家

程亦君

2017.08.10

8

獻給

　　吾父　茂煌
　　吾夫　明憲
　　吾子　書亞

　　永遠的正港高雄人

いらっしゃいませ，
歡迎來到高雄

いらっしゃいませ,
歡迎來到高雄

　　當渡輪在海上發出那空靈迴盪的汽笛聲，船隻開始在白浪花花中沉浮前進。經過大型造船廠後，八五大樓緩緩地在眼中朦朧，轉身一看，旗津渡輪紅色牌樓正由遠而近逐漸清晰。我想起一部很經典的電影，1986 年的《父子關係》。

　　飾演單親爸爸的石峰，忍受債務重擔與妻子的背叛。他抵押車子，賣了房子，帶著孩子搬到了旗津。當貨車穿越過港隧道，望向無垠海岸，來到旗津街頭。他停車，抱起孩子，細聲說，「強強乖，新家到了。」

■ 一邊是旗津砲台，一邊是旗津燈塔，你想要先往哪裡去

　　主題曲《張三的歌》輕輕唱著，

「我要帶你到處去飛翔，走遍世界各地去觀賞……
忘掉痛苦忘掉那地方，我們一起啟程去流浪
雖然沒有華廈美衣裳，但是心裡充滿著希望……。」

■ 遙望旗津輪渡站

■ 俯瞰高雄港

■ 中油宿舍裡的舊路牌

海港一直是港都給人最起初的印象。高雄港的貨輪、前鎮漁港的遠洋漁業，的確活絡了貿易與商業，帶來了經濟成長。但實際上除港口之外，後來電視劇《倪亞達》，在楠梓中油宿舍開拍，也點出港都人生活型態的另一支線，石化產業。2009 年，《痞子英雄》首映，在充滿愛情喜悅滋潤的周渝民現身真愛碼頭時，他略為憂鬱的眼神，捧著手中那束花，不知融化了多少少女的心。燦爛的南台灣陽光，碧海藍天，新建寬闊的遊輪碼頭再次讓眾人傾心於絢麗的海港城。

2015 年，以《廢物》描繪質樸美濃人風情的導演樓一

■ 鹽埕區特有的傳統竹籠店

■ 鹽埕區裡舊時代下的巷弄房舍

■ 港都愛河出海口畔的新光碼頭

安,選擇了保留日式狹小巷弄的鹽埕區,開拍了懸疑片《失控謊言》。他使用複雜古老的街道,隱喻了人內心深處的祕密與謊言。祕密要不要全盤托出?謊言會不會繼續延燒?撲朔迷離與深陷泥淖的致命謎團。港都鹽埕,於是又呈現世人其復古與錯綜的一面。

早先的港都電影,如《風櫃來的人》、《一個女工的故事》等,多描繪港都人憨厚打拚的人文特質。一直到這幾年,才吸引並加入大量各類元素進駐拍攝。但以我這個在地人來看,港都人多半熱情平實,還帶點「羞赧的開朗」。美國電影「飢餓遊戲」中,每一區的貢品代表都有其專長,主要來自當區負責的工作型態。像第四區(漁業區)的芬尼克,擅長三叉戟;第三區(科技區)的比提,用金屬絲線贏了那屆的飢餓遊

■ 凹子底公園的夕照 V.S. 練習直排輪的孩子

■ 愛河之心美麗的綠堤

■ 大樹的舊鐵橋公園

戲。同樣地，港都的宿命，是背負著石化、
造船、鋼鐵大業。這些重工產業壓給港都人
肩上已有數十年之久。但儘管如此，港都人
始終認命並樂天地看待。2009 年的八八風
災，2014 年的前鎮氣爆，考驗了港都人面
對苦難的篤定與決心。不管環境如何險峻，
港都人還是站起來了。重新面對一如往昔的
滾滾海洋，與熱情如火的經年日照。「人在
做天在看」，是上一代父母常常掛在嘴邊的
一句話。海洋的心境、內斂的性格，港都人
始終包容承受，又樂觀面對生命的一切。

■ 甲仙彩繪街與繽紛色傘

　　身為港都人，也許靈魂裡藏著一隻漂
泊水母，多年來總愛在世界各角落探索流
浪。每個國家，擁有其先天的地理位置，
而歷史上各樣劇烈戰事所帶來的影響，往
往造就了獨一無二的民族性。而當站在這
些不同的土地上時，我也常感受到它與高
雄的差別。

　　的確，過往的高雄與國際上諸多城市
相比，建設明顯匱乏。但十多年後，它在各
方面長足的進步卻是有目共睹。今日港都，

■ 橋頭五分車與售車亭

■ 甫通車的輕軌駁二站

■ 歷久彌新，裝滿了情人詩篇的愛河

不單單提升了大家的居住感與榮譽感，更深切滿足、觸碰了在地居民實質的需要。如今，外流人口已大幅減少，整體城市經營正邁向新思維與現代化。

　　拿交通與建設來說，高鐵通車後，在新左營站連接的捷運，東行可到文化中心、新城鳳山。往西跨越了愛河，來到鹽埕埔與哈瑪星。南向農十六凹子底公園、美麗島、中央公園、小港機場，以北則可抵達橋頭糖廠與岡山。此外，新左營站的客運公車系統，亦能將旅客遊子帶到旗山、美濃、燕巢，甚至屏東的東港與墾丁。若要到九曲堂、林鳳營或屏東潮州，也可在此改搭台鐵區間車。

　　輕軌架設好之後，串連了前鎮夢時代、亞洲新灣區、世貿、軟體園區。高雄總圖、台鋁、觀光碼頭、駁二、巨蛋與美術館。新式建設一籮筐，不勝枚舉，展現新港都細緻中的豪氣，並點綴裝置現代藝術。而且無論是往哪個景點，交通時間縮短、迅速抵達不拖延，成了港都送給大家最有感的禮物。

　　運輸站與站之間，各類美食也目不暇給。西式餐廳、居酒屋、咖啡館……隱藏巷弄內的小吃更是層出不窮。常常幾步路就有一間。大多開了一輩子，再加上即將投入戰場第二代的青春時光。台版風味佳餚，價格合理，湯頭永遠都是以大骨雞骨做底，濃厚功力下的古早清香。這些店家伴著大夥成長，直到外出求學就業，然後又迎接遊子的歸鄉。每回與這些老廚師搭上話，聊家常，談著電視上的新聞八卦，兒女工作與心情起伏，真誠不做作的自然，常讓人覺得，對方彷彿就是多年的鄰居大嬸或伯伯。

■ 港都巷弄滿是風味人情的
街頭小吃

■ 台鋁串連了電影院,書店,
與美食街

至於二代掌廚,從他們的話語中,總能感受到無限的活力。點子源源不斷,被父母不留情面的潑上冷水。可是卻也沒見著他們放棄,兩顆眼球機靈地轉著,好像又在盤算著另一批新的創意。

除了交通設施與垂涎懷念的舊食光,近幾年,博物館、展覽館、文化園區、溼地公園更如雨後春筍陳設林立。歷史文化工作者持續不斷的設展推廣,舉辦活動,他們的殷勤深耕與致力扭轉,讓我們這一代被烙上鋼鐵意志的港都人,終被那精彩豐富的文化細雨滋潤,沉浸在音樂與藝術交織的春風之中。

這本書,紀錄許多人情故事。走了百年歷史,而後蛻變的新港都,我們這代的港都。也刻畫了舊時代下那耿直、堅持、執著古早做法的樸素美味。雖然樸素,少了裝飾。但也許就是這般毫無保留,更能貼近、觸摸到我們的心。

而我相信,這份認真的美麗,也能感動到你的心。

いらっしゃいませ,歡迎。歡迎來到高雄。

■ 駁二裡的哈瑪星鐵道館

序幕・原點

■ 港都的行道樹高聳參天

序幕‧原點

　　幾年前，公司接了個大案子，請了瑞士原廠的技師來台支援。工作之餘，請他吃了些台灣道地料理。

■ 除了巷弄美食，亦有精緻餐點

　　鹽焗雞
　　竹筍蒜頭雞
　　蔥爆大蝦
　　蒜炒空心菜
　　炸花枝丸
　　肉絲炒箭筍
　　黃金炒飯
　　麻油麵線

　　那晚叫了幾瓶啤酒，酒精作祟，氣氛高亢，幾個同事開始天南地北亂聊。從希特勒、猶太人、日內瓦‧聯合國，一路聊到迪士尼、動畫、孩子與家庭。

　　這個五十多歲的瑞士人，頭髮已白了大部分。生性樂觀，最愛陪年幼的兒子看卡通。他因工作之便旅行過世界 76 個國家，而最後選擇澳洲定居，如今只往來出生地瑞士與澳洲兩地。

　　問他緣由，他俏皮的回答，澳洲雖位於不同洲，但依舊是白人社會。土地廣大，他得以購置牧場，養馬和綿羊。老婆則得以種植各式蔬菜水果。至於孩子，最開心了。每天在牧場裡跑跑跳跳，擠羊奶，騎小馬，還幫忙動物接生。

　　「那瑞士呢？」我問。

　　他放下了玻璃杯，「那是我的故鄉，」那時他顯得安

靜，之後露出淡淡笑容說著。「我理當經常歸鄉。」

我想到自己。

出生時，睜開眼睛，看見的第一個世界，是高雄市的前鎮區。那是在一個充滿禁忌的年代，學校裡藏著許多不能說的秘密。就好像小說《記憶傳承人》裡的人們，記憶是黑白，全然封鎖。我只記得成功路底築著高高的圍籬，從這頭看，一直不知圍牆外的世界是甚麼。

■ 港都漁港風光

而後歷經多次搬家，爸媽為的都是我們這些孩子能就近讀好一點的學校。於是，苓雅區、三民區、左營區，而後仁武區，到處搬遷。加上畢業後找到的工作區位，高雄市不知繞了幾回。

結婚後，繞得更大圈了。台中、台北、中壢、宜蘭，連歐洲都跑了好幾趟。最後我也回到了原點高雄。

人經常在許多事物上不斷地打轉繞圈，然而不管繞成甚麼形狀、轉到何處，最終往往還是會回到原點。回到原點，看似相同的地方，但其實很多面向卻已不盡相同。看事情角度不一樣，忍受事情力道也不一樣。學會放棄、學會承

■ 港都美麗的晨曦

■ 高雄女中對面之天主教玫瑰堂

受，更學會單純與儉樸，也更能認清人性的真誠與虛偽。

　　回到高雄，感覺無限踏實。這裡曾經是我童年的家，而後又在此地組了另一個家。高雄有山，有河，也有海。說「港」有高雄港，說「都」也是個大都會區。

　　這兒坐車，鐵路、公車、捷運、輕軌等什麼都有；坐船有渡輪、郵輪、貨輪、遠洋漁船與海軍軍艦；要飛機也有國際機場與空軍基地。老兵眷村、河洛人部落、客家樸實文化；日式、歐式、閩式、客式各種遺跡建物。近年也看見港都有大幅度的改變──大型森林公園、捷運、愛河河濱整建、觀光碼頭音樂中心興建。

■ 婆婆嬸嬸正挑著大型漁港
產地直送的海鮮

■ 愛河河岸咖啡館甜點店的美味甜點

■ 港都的市場

整建、觀光碼頭音樂中心興建。

　　我在這兒成長、茁壯，成功、失敗，失戀、失意，也找到重新站起來的力量。對我來說，這裡的菜有媽媽味，也有童年的滋味。我曾在這裡歡欣過，也在這裡跌倒過。有時落寞，有時哭泣，有時高興，有時感動。我在三民區的高醫，送走了母親；在鳥松區的長庚，揮別了婆婆；在燕巢區的義大，跟奶奶相約天堂見。這裡，是我的原點。是我落地深根、血脈相連之處。

　　文章裡的景點，有我走了數十年的腳印。童年的遊戲樂園、少女時代的秘密基地。以至於到今日，從歷史的角度看到祖先胼手胝足的真性情，也看到這些年來高雄的轉型與蛻變。

　　至於文中的美食，則屬於沒有名字的小食堂。但卻是讓人吃了一輩子，會令人懷

■ 遊港都時，記得到海邊玩喔

■ 早安，高雄

■ 嘿！歡迎來到高雄。

念的滋味。而這些料理的在地人，幾乎每日都流連於市場與廚房之間。也許連他們本身都不知道，自己正煮出一道道屬於高雄的味道。多年的品嚐經驗，心中總有無限感觸。於是乎，衝動來了，想寫本有關高雄的故事。除了旅行港都，還想介紹在新興區賣了一輩子肉圓的阿婆，或者寫出在三民區見識到冬季裡煮著一鍋鍋野生烏魚的過程。我也想描繪那位住左營區，即使病痛中仍執意做著美味飯糰的太太的一生，想捕捉橋頭那幸福肉包母女的身影。更想讓大家知道，左營舊城裡，住著一位豬腳達人，任他手上，豬腳個個都擁有如年輪般色彩的美味。舊的食光，沒有改變過。新的高雄，蛻變進步，值得你的來訪與更親密的接觸。這種種一切，每樣我都想寫下。就這樣，他們成為我筆下。

　　我得坦言，走訪高雄，旅遊各景點之餘，是這些人們的心情起伏，活化豐富了這本書。當然，因為我曾近距離感受過，也用我的生命真實經歷到。當我站在高雄這塊土地上，我在這群人們身上認識了堅持，也看到了自己的原點。說穿了，好像每個人都有那麼一回事，只是我選擇把這些一一寫出來。

　　敬，生命的原點。
　　「歡迎，來到高雄」——讓我們，就此展開序幕。

走一趟新港都，
品嚐舊食光。

凹仔底森林公園

裁縫師的飯糰

KAOHSIUNG

1990 年，我隨父母搬到凹仔底居住。當時至聖路往西只到博愛二路，再過去就沒路了。周遭的環境其實是，有些荒涼。整個西邊是雜草叢生的空地、釣蝦場、或是理容中心。有幾次同學來找我，我說明地址後，大家第一句話都是問，「博愛路？那是哪裡？有這條路嗎？」

「有！中山路過了中博地下道就是博愛路了。」那是我千篇一律的答案。那是中博地下道仍未改成高架橋的時候。

至於西邊的釣蝦場，我曾與哥哥去了幾趟。每回垂釣時間都挺長。有時我會帶本小說，逕自坐在小板凳上讀著解悶，累了再站起來作幾下跳躍體操。但釣了數次，說真話，成果都有點慘澹，因從沒有任何魚兒上鉤過，屢屢敗興而歸。這樣還不打緊，最糟糕的是雙腳常被蚊子叮到斑斑點點，腫脹不堪。於是演變到最後，總會看到我在池子旁抓著癢、急跳腳，然後嘴巴還忍不住嘀嘀咕咕發著牢騷，「天啊，這到底是什麼怪地方，蚊子都像洪水猛獸。」

■ 凹子底公園全景

　　千禧年，這蠻荒之地首先有了稱呼。由於被選定在野黨總統候選人的競選總部與造勢晚會場地，工程人員陸陸續續抵達此處。他們帶著工地安全帽，會勘、商討、規劃，進而著手整地工作。第一次，我在電視新聞知道了她的名字——字幕上清清楚楚寫著「博愛二路與至聖路交叉口的農十六」。那回，聚集了數以萬人，或是更多。一旁場地附近亦擺設三三兩兩的攤販，油條加上冒煙的杏仁茶、碳烤香腸、蚵仔煎、手搖泡沫紅茶，還有接踵而來等著果腹，或正在解饞的饕客。幾個晚上下來，我看到人們在這塊土地上盡情吶喊、釋放自己的理念與情緒。他們唱著自己的歌，有時手拉著手，隨音樂搖擺。在那個沒有智慧型手機的年代，大家拿著螢光棒或小旗子，用力揮擺著，整片旗海搖曳飄盪。我也目睹許多人低聲啜泣，汗濕了背，汗水與眼淚一點一點滴落在這略為凹凸的草地上。當競選的浪潮歡聲雷動過後，我彷彿意會到，這個長久以來鮮為人知之地，已經退去了羞赧，在靜候數不盡的年頭之後，她終究盼到這一刻，在眾人的注視中，重新甦醒，並即將投以建設與開發。

　　凹仔底公園計畫與捷運地下化如火如荼展開。動土那幾年，周遭居民如我們，一如往常，生活仍舊是周旋職場，無限期的衝鋒陷陣。只是家裡地板老是蒙上一層灰，不管拖了幾次地，清了幾回，還是除不淨。然而，即使夾帶著大量灰塵與噪音，久了，倒也習慣了。反而是街坊鄰居們聊天時，常寄予厚望，期待她重新綻放光采的日子早點來到。

　　至聖路往東，是體驗美麗晨曦的絕佳之處。我最愛跑上「厝尾頂」，欣賞天空中粉橘與淡紫光彩交錯揮灑的種種畫作。當朝陽射進雙眼，我會瞇著眼睛，稍微擋住那奪目奔放的光芒，再告訴自己，一天又要開始，得上工了。刷牙、洗臉、著裝，轉身迅速地抓個包包跑出門，然後到富國路與至聖路口，一間小小的飯糰攤買飯糰。

　　這間飯糰攤其實就只是個簡易攤車。工作台下幾個輪子，估算老闆娘得一大早就將攤車推過來架好，再準備所有食材。老闆娘是位身材窈窕的四十多歲婦人。她削著短髮，套件咖啡色圍裙。我很喜歡她家的飯糰，說不上來是何等美味，但就是惹人懷念。尤其在冬天的早晨，握著她那溫

■ 凹子底公園夜晚燈光閃閃耀人

暖又飽滿的飯糰，總有股暖流帶出幸福的感受。買了幾回下來，多少熟稔。某個上午，聊開了，她便告訴我，「我就是以前太打拚，結果眼睛、身體都出問題。後來我把先前的工作辭掉，決定轉行，但剛開始還真的不知道要做什麼。想起年輕時曾在工廠裡煮飯給三、四十人的員工吃，就覺得也許能試試看賣吃的。」說到這裡，她又作了幾個飯糰給客戶。「歹勢喔！厚恁等內。」她對身邊的一對年長夫婦說。再繼續望著我說，「你可知道，為了賣這個飯糰，我到處試吃，台南高雄，幾乎都跑遍。為了不斷研發新口味，找出缺失再改進，我花了很多時間研究，試到最後覺得自己都合意了，才出來擺攤。」

「哇！好用心喔。難怪你的飯糰這麼好吃。」我打從心裡佩服地說。「這些配料看起來雖然與別家相同，但吃起來，很奇妙，就是這麼對味。有股很溫柔又很堅持的吸引力呢。」

接著，我又問她。「對了，那你之前是做什麼呢？聽起來好像需用到很多眼力！」

「裁縫師。」她先是緩了幾秒，再淡定的說，之後雙眼轉為炯炯有神。她抬起頭來回答我。「當年，我在八德路上的藍寶石歌廳當裁縫師。」

裁縫師？藍寶石歌廳。這個回答還真出人意表。我想到很小的時候，一個晴朗的傍晚，母親穿起綢緞洋裝，抹上令人銷魂的紅色唇蜜。她蹲下為我換上一件白色荷葉邊裙子，遞給我一雙蕾絲白襪，還說父親今晚買了很貴的入場卷，要帶我們去觀賞表演。雖是很多年以前的事了，但我深刻記得那畫面中的母親特別美麗，臉頰泛著怦然心動的紅暈。

從新興區八德路向前走，轉往一條名同愛街 35 巷的小路，就是謎樣的演出場所。民國 60 年代這裡是大高雄轟動一時的娛樂文化產地。她捧紅了演藝圈裡諸多秀場藝人，也讓同愛街的房價一度飆漲。而那夜，我緊握著那張很貴的入場卷，小心翼翼地拉著父親的手走進入口。昏暗的走道通後，突然有光芒照進眼中，是那個擁有讓人頭昏目眩、七彩霓虹燈的魔幻舞台。

凹仔底公園的生態溝渠、綠網不久成型了，我首次瞧見幾隻纖細的

■人造湖與濕地生態

■ 百花綻放的凹子底公園

白鷺鷥在那兒飛翔覓食。濕地規劃的人工落瀑與溪流，池裡水生植物與木橋也已完工。至聖路甚至已然開通，筆直地劃過博愛二路。路障拿掉當天，整個下午我與先生在至聖路口站立許久。從前這塊我老是抱怨的蠻荒之地改變了，我們走過去，又折回來，再走過去，又折回來。先生說，「以後我們的孩子可以到這兒玩耍了。」那日我們停留直到夕陽垂掛，看著火紅太陽慢慢地離開消逝。之後是滿天耀眼流動、五彩繽紛的特大晚霞布幕。

■ 凹子底公園旁的高樓林立

　　富國路的理容中心結束營業，飯糰也悄然搬家，至於搬到哪裡，我來不及問。但至此，雖還有些飯糰店，來來往往又開開關關的，但我總沒吃到什麼好飯糰。也許這就是進步與繁榮的代價，有些雖不起眼，但手藝過人的攤販，會因著都市更新而被迫背上遷徙的命運，他們不知何去何從，但就是得再費力另起爐灶。

　　森林公園的名聲，逐漸打響。坐捷運紅線，在凹子底站下車即可。或者公車 168 號環東、環西等皆行。十公頃的生態用地，小橋、流水、噴池、以及環繞大樓無數的人家。日以繼夜，這裡湧進慢跑者、騎腳踏車的小孩、復健的老人、散步的情侶、溜直排輪的學生

以及寵物當家的愛好者。高級旅店、富麗堂皇的大樓、外商與本土銀行、大型購物中心也慢慢蓋起。連帶著往南的愛河之心，往北的漢神巨蛋，這地帶活絡熱鬧起來，名氣甚囂塵上，假日甚至人山人海。

孩子出生後，在這公園草地上爬行、走路、打滾、玩小石頭。他在生態池學會辨識烏龜、水鴨與白鷺鷥，他也常為了鴿子、斑鳩、白頭翁及九官鳥而驚奇。再長些，他在操場學騎鐵馬、放風箏、擲飛盤、踢足球、玩籃球……孩子一年年長大。現在的他像個追風少年，經常騎著腳踏車，繞著一圈又一圈的凹仔底公園，盡意馳騁在港都的海風中。

數年前，富國路上市場美食攤，瞅見一個須排隊才買得到的飯糰攤位。只想，又有新的店家到此營業了。自從捷運與公園開張，這裡成了兵家必爭之地，所有在南高雄開業的餐廳，幾乎還得到凹仔底這兒找地設點，但有些撐不了幾年便黯淡收攤。只是這間飯糰店，不管風吹日曬，晴天雨天颱風天，排隊情形日日皆是。於是，幾個月後，我也加入行列。

■ 公園旁遊戲的孩子

■ 廣大草皮上玩著足球的少年

■ 走進公園內紫色夢幻的薰衣草花園，倘佯四季花海，隨處可遇迎風搖曳的花朵

　　飯糰，握在手上，有些似曾相識。咬下去，真的美味，而且還感動莫名。米粒收乾分明，米心卻是濕潤飽有香氣。招牌鹹蛋當日現煮，軟嫩有餘。其他配料，蘿蔔乾、肉鬆、油條、肉燥，層層疊在一起。一口吃下，就嚐盡全部滋味。我尤其愛吃他們的辣蘿蔔，以新鮮辣椒來炒，著實有勁，辣氣霸天。只是，味道之熟悉，向我腦中遙遠的記憶下戰帖。

　　著迷了，就常去那裏搭人龍。但因群數眾多，幾乎很難與工作人員說上話。有趟近午時分，才抽空去買飯糰。賣飯糰的年輕女孩打開木片蒸籠望了裡頭，告訴我，「飯只不到一顆份量，你還要嗎？」雖然可惜，但不吃更扼腕，我很快地答應。

　　「那我算你便宜點，再送你一張海苔。」飯糰女孩說。

　　「哇塞！怎麼這麼好？」我充滿感激的說。

　　稍候之時，我聊起心中的疑慮，「請問你們以前有賣過飯糰嗎？」

　　「有阿，我媽媽。她很久之前就在富國路口賣飯糰。」答案終於揭曉，我想起來了。「就是那味道，厚，害我想很久。」

　　爾後，我常喜歡與飯糰女孩聊天，有時話說多了，一整列男女對我乾瞪眼，我只能將頭低到不能再低，不好意思地快步離去，相約改天再聊。

　　有回我問候起她母親近況，她於是娓娓說起一個故事。

■ 飯糰的米粒軟硬適中，饒富香氣

■ 忙碌的飯糰姊妹

■ 飯糰現點現包
趁熱吃

■　如果記起附近有一攤飯糰店，那麼不妨在凹仔底破曉之時，起個大早來嚐試一下

「我母親是台南人，14歲時到高雄成衣廠學做衣服。因為手腳靈活、反應機靈，衣服做得特別好，也常比別人更快完成。於是她空暇之時，常到廚房幫忙，久而久之，便負起伙食重擔，一個人得料理數十人的午餐，還要趕衣服的活兒。」

「因為手藝絕佳，當藍寶石歌廳秀紅透高雄半邊天時，她也得以應徵進去後台，幫豬哥亮等藝人做戲服，縫亮片。那時工作到午夜是常事，眼睛便在那時逐漸損耗。」

『藍寶石結束後，她到服裝店與百貨公司幫客人修改衣服。因為口碑好，許多人都指定她來承接。後來父親做了醫療用品業務，她為了全心照顧我們，改製作口罩、紗布等等，晚上依舊做衣服。她縫製技術成熟，作品相當「細路」。那時在我們社區，可謂數一數二。只是工作太認真，過於疲憊導致生了場重病。她意識到眼力也大不如前，生活這樣下去不是辦法，於是興起改賣飯糰的念頭。賣了幾年，身體再度微恙，我父親便接續賣，讓她暫時退居幕後。』

「所以現在這裡是你父親在賣？不過好像比較少看到你父親。」故事如此精采，但我還是不小心打了個岔。

飯糰女孩也不以為意。她泛著笑意，「哈哈！他都在後面那裏備料區烹煮配料阿，不然我們怎麼可能這麼快就拿出源源不絕的新鮮配料！」她指了指後頭，那廣大的秘密基地。「原來如此阿！」我有點撥雲見日的感覺。

飯糰女孩又談起，「畢業之後，我原本在蛋糕店當甜點師傅。但飯糰店生意太好，需要人手，父親忙不過來。幾經考量，我與妹妹決定回到飯

糧店。」言及於此，她又漾起青春無敵的微笑臉龐。「前陣子我們曾上高雄電台做專訪呢。即使目前仍是間小攤位，但我們還是希望盡力呈現最佳品質，服務每位鄰居。」

對生活認真的人都是值得尊敬的。在聽完這故事，我才知道他們一家人彼此對待的真心與真性情。因為親人之間的情感緊扣，同心合意，對食材自然執著，也才能創造出值得等待的精緻飯糰。

幾天後，因緣際會，我見著了裁縫師和飯糰店老闆，就在他們家的菜園裡。滿地的空心菜、藤架上結實纍纍的胡瓜、茄子、香蕉、還有無花果樹。老闆在這裡採收辣椒，用以調煮最健康的辣菜圃。老闆娘掛著樸素的臉蛋，保持得宜的身段，她在細網圍起的溫室裡，檢查泥土裡的南瓜，見到我時，對我投以愉悅的笑容。

顯然地，多年以後，她已完全不記得我，所以只是點頭致意。但那日清晨與她對談的種種一切，對我卻依然清晰。在陶醉於迷人絢爛的晨曦過後，我繞道富國路去買飯糰。由於聊得太開心，還與她談起過往的職業。她發光的眼神，像舞台上不斷反覆折射的彩虹亮片，宛如明星般閃閃動人。接著她充滿自信地說，「裁縫師。」

「我是藍寶石的裁縫師。」

■ 老闆夫婦親切帶我參觀他們家的菜園

■ 老闆自己栽種的絲瓜，鮮甜可口

漢神巨蛋與瑞豐夜市

自凹子底往北步行一公里或自捷運巨蛋站下車,即可抵達漢神百貨與巨蛋。除了百貨名店購物,巨蛋並經常舉辦各式展覽或演出。往西約750公尺之瑞豐夜市,位於南屏路,擁有諸多小吃名攤,近年來廣受觀光客喜愛。

瑞豐夜市

裕誠路

明誠三路

南屏路

凹子底公園

至聖路

龍勝路

神農路

■ 籃球場上鬥牛的學生們

富農路

■ 公園旁的咖啡餐館

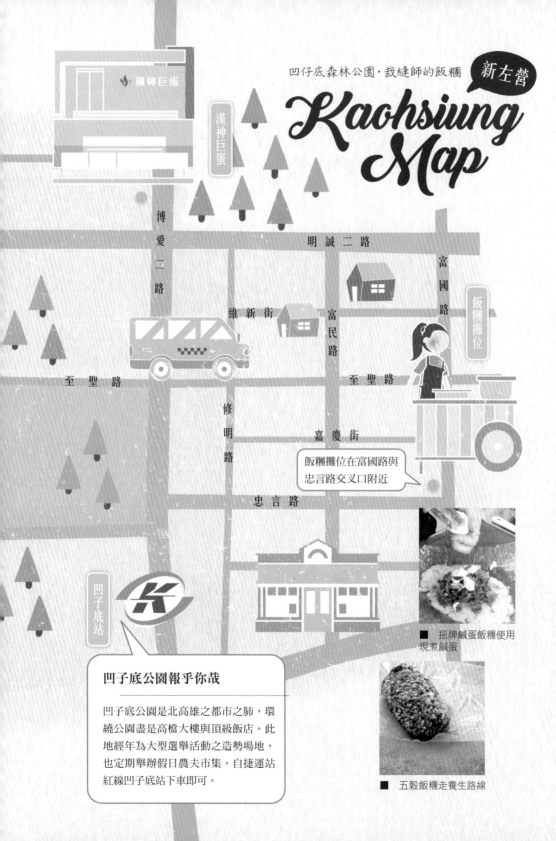

漢神巨蛋

四仔底森林公園・裁縫師的飯糰　新左營

Kaohsiung Map

漢神巨蛋

飯糰攤位

博愛二路

明誠二路

富國路

維新街

富民路

至聖路

至聖路

修明路

嘉慶街

飯糰攤位在富國路與
忠言路交叉口附近

忠言路

凹子底站

K

招牌鹹蛋飯糰使用
現煮鹹蛋

凹子底公園報乎你哉

凹子底公園是北高雄之都市之肺，環
繞公園盡是高檔大樓與頂級飯店。此
地經年為大型選舉活動之造勢場地，
也定期舉辦假日農夫市集。自捷運站
紅線凹子底站下車即可。

五穀飯糰走養生路線

■ 愛河沿岸

愛河沿岸

冬季野生烏魚

KAOHSIUNG

　　高雄有條大河，從仁武區開始由北向南流，過了鼓山區大順一路與河堤南路附近改成了從東向西流。穿越美術東二路時，又轉成南北向，在五福橋處注入高雄港。她的名字是愛河。2005年，觀光局票選台灣各大風景名勝，高雄愛河一躍成為台灣八景之　。

■ 愛河上太陽能板的愛之船

■ 愛河，願你永浴愛河

　　說到愛河，其浪漫、濃情、悽楚的名稱，最早來源眾說紛紜。原本稱為打狗川、高雄川，1968 年正式命名為仁愛河，但在那之前就已被當地人稱之為愛河。探究其緣由，有種說法是，50 至 60 年代，有些現代羅密歐與茱麗葉曾在此上演殉情記，投河自盡，引起當時社會一片譁然。後人穿鑿附會，將其轟轟烈烈、至死不渝的愛情元素投影至這條河，於是愛河慢慢取代高雄川之稱呼。而在經過河川整治下，愛河的美終於展現，遂成了港都境內名揚四海之景點。她吸引海內外成雙成對愛人前往流連，許下山盟海誓；也擁抱那為愛痴狂、失戀心碎，孑然一身的孤獨戀人。

　　若要想好好瀏覽愛河沿岸，乘坐愛之船與高雄市環狀公車是不錯的選擇。她沿著南北縱貫愛河蜿蜒行駛，班次頻繁。有些車子尚配有無線上網功能，讓你欣賞愛河風光之餘，仍能拍照分享社群。你可以先行在高雄展覽館或真愛碼頭附近，觀賞愛河出海口。涓涓河流在此處注入滾滾海水，變得雄偉、澎湃，如夢似幻，彷彿愛情已昇華至海枯石爛。愛河在此處將陸地劃分為東邊的前金與西面的鹽埕。若在岸邊觀看不過癮，亦可搭乘高雄市輪船的愛之船，只要自國賓站上船，即可開往高雄港碼頭區以及港邊駁二站。至於愛河往北路線，則可於五福橋附近的高雄女中站搭 168 號公車，經過市議會、歷史博物館、中都商圈等。之後是日據時期明治年間興建的高雄第一座磚窯──中都磚窯廠。它的目仔窯曾供應所有南台灣重要建築之磚塊。旁邊空地，目前規劃成中都濕地公園，培育紅樹林、水鳥品種。濕地間有吊橋聯繫，能以不同角度觀測生態復育情形。再往前，則是 2012 年甫完工的願景橋。然後，公車便離開愛河，走向美術館。

■ 中都濕地與吊橋

■ 歷史悠久的中都磚窯廠

■ 從愛河出海口觀看的高雄港

■ 愛河之心亮麗的夜景

　　從願景橋以東之愛河，168號公車並沒有行駛，不過公共腳踏車倒是可以運用。除了中都濕地，緊接的是新客家文化園區。除了設有客家文物館，能盡覽客家人文化與早期客家文物，這裡亦有餐廳與咖啡館可供用餐休息。此段路繼續往前行，來到博愛二路，2006年完工的愛河之心呈現眼前。竣工當年，博愛路與同盟路交叉口處架上銀白色，設計感十足的路橋，其壯闊、美觀，吸睛有餘。夜幕低垂時，愛河之心的東、西二湖會點燃閃爍霓虹燈火，照耀橋面與路人，讓整排噴水池圍繞著公園。愛河於此又為戀人們另闢一個散步約會的好處所，她離捷運站挺近，往北六百公尺能到凹仔底森林公園，占地十公頃的園地。往南是捷運後驛站，接著大連街皮鞋店與熱河路美食商圈，同樣六百公尺可抵達。

　　愛河沿岸有幾間麵攤，淵源久遠，多是做了一輩子的老店，完全不輸深夜食堂或是小時光麵館，但卻都藏匿於巷弄之中。如建國三路鵝肉米粉，肉質嬌嫩，湯頭有著濃濃的鵝油味。中都商圈的牛肉麵，每份麵條都是老闆當日親手現做。又如哈爾濱街餛飩麵，未到中午十一點，攤位前已

■ 客家文物園區之老樹

■ 愛河之心的白色大橋橫跨博愛一路

■ 愛河國賓站得以乘坐愛之船遊港

大排長龍,右側一大鍋正咕嚕咕嚕熬煮的滷味,是每桌必點小菜。另外,松江街日式拉麵,老闆總愛學日本師傅在額頭綁上頭巾,誇耀自己正是新一代難得的煮神。

　　但還有項特色小吃,離愛河不遠,其魚種只有冬至前後才有。若是冬季來訪高雄,你可以從愛河之心慢行前往,品嘗那上等佳餚。那裡的美味,絕對是老饕不想錯過的。即使是住在高雄的我,在魚季臨近時,還是會不停數著日子,耐心等待牠們的到來。

■ 波光粼粼的愛河出海口

　　說起牠們的旅程,不但有點遠,還有點坎坷。每年十月,當天氣變冷時,棲息於中國黃河口的牠們會開始躁動,並醞釀一趟南下之旅。氣溫再度下降時,是牠們啟程之日,牠們會搭上中國沿岸流的特快車,往南直游。到了時序十二月,中國沿岸流與黑潮支流交會,將牠們送進台灣海峽。這是牠們人生最要緊的大事。如同猶太人,在二次大戰犧牲六百萬人,但他們仍舊要回歸以色列建國,這些魚群們也等同,牠們用盡心力,說什麼也要回到出生的地方。

■ 野生魚魚頭,別小看牠,這可是供不應求

■ 店家正曬著烏魚子

　　那是烏魚。又稱信魚，在冬至前後十天，成群結隊洄游，進入台灣海峽避寒、覓食及產卵。我常稱牠們是阿信，吃盡苦頭又忠心耿耿，挺講義氣的。

　　長久以來，烏魚為台灣漁民賺取豐沃的經濟收入。烏魚米粉、烏魚湯、烏魚胗、烏魚鰾，皆為當季盛品。一般烹煮這類料理，會配上冬季蔬菜，如青蒜、薑絲。及至初春，換烏魚子上場。那深黃、鹹軟、又略嫌黏牙氣味，配上切片蘿蔔，是多數人

■ 熊熊火焰下炒出來的
烏魚料理

■ 烏魚米粉攤全貌

用以佐啤酒，痛快度過年節的美饌。

　　30年代，野生捕獲的烏魚子便被漁民們製作成海鮮乾貨。那時日本人稱之為「唐墨」，是天皇御用食材。直到近幾年，日本人仍會趕在冬至漁獲期結束前，至台灣採購，再以宅急便或快遞直接寄回日本，以作為餐廳主菜或高級禮品饋送親友。

　　自愛河之心往南，有間烏魚米粉專賣攤。由於氣候變遷，野生烏魚數量銳減，目前台灣的烏魚多半採用飼養。但這間烏魚，賣了幾十年，標榜正港的「野生烏魚」。魚季前夕，三三兩兩的老饕會前去詢問開賣日期。即使市場早有烏魚，但野生烏魚總是比養殖來的慢，就算如此，老饕們依舊會耐心等候。這吃了幾十年，從沒變過的味道，像是彼此約定般，不僅無人爽約，客人還因慕名而與日俱增。到了魚季時節，野生烏魚終於抵達高雄沿海，漁民豐收後，老闆娘便會在招牌上掛起「烏魚米粉」四個字，取代原本販售的生炒小卷、鮮蚵與虱目魚柳。每年這時期，她都得加派人手，生意才稍稍應付得宜。望著川流不息的顧客，總羨煞周圍其他小吃店。

　　去年初冬，我打聽到野生烏魚即將開賣，便早早將日子排定，定意要成為第一批吃到烏魚的人。

　　似乎經過無限期漫長等待，約定日期總算來到。12 月初的第一個周末，我力邀父親隨行，然後充滿期盼前往赴約。老闆娘晚間六點半開始營業，我們提早十分鐘到，卻發現已有多人在現場等候，只是老闆娘完全不受影響，還是照她的節奏走。那節奏像是在跑馬拉松，不會太猛但卻蘊藏續航力。首先，她點起火、熱起高湯。空檔時，舀出碎冰，平鋪於架上。打開冰桶，取出一條條已開腸剖肚的烏魚，整置於碎冰之上。再小心翼翼地拿出幾串米白色烏魚膘平擺，之後從袋子裡倒出些烏魚胗。磨刀石自箱內拾起，她認真地磨起刀，霍呀霍呀，磨刀聲不斷，沒兩三下，大菜刀磨利了。

　　工具備妥，她隨手抓了隻烏魚，放在木頭砧板上。「碰！碰！」烏魚被剁成好幾塊。隨即，再取一尾，又是幾聲爽朗有規律的「碰！碰！」，這條魚也已剁完。其他配料如洋蔥、高麗菜、青蔥、大蒜、辣椒、蒜頭、紅蔥頭等，一一整齊地擺在爐火旁。她一次只料理兩隻魚，賣完了，才又停下來剁魚，以保持魚肉新鮮度。

　　「來，你要吃叼位？」老闆娘開口了，她已準備大顯身手，詢問第一位來的白髮老翁。

■ 烏魚米粉一般採用粗米粉製作

■ 野生烏魚腱與烏魚膘

「我要吃魚尾阿，二塊，加米粉。」老翁自備瓶啤酒，正為自己倒了杯小酌。

「你勒？」她又問第二位客人，那是一對中年夫婦。

「一碗魚頭，一碗中摳。擱買一份烏魚胗，無愛辣。」那位先生說的很慢，深怕遺漏什麼。

老闆娘開大火煮起烏魚，再起小火熱另一油鍋，切青蒜，入鍋爆炒。她轉身抓了把烏魚胗，放在碗裡算著顆數。確定之後，用小刀輕輕劃過正心處，再入鍋翻炒數回。烏魚在滾燙的湯中熟的快，沒多久，烏魚已完工。她將烏魚盛起，放進煮好的粗米粉湯，另一方面，烏魚胗也已入味，她撒了幾滴米酒，一一上菜。

老翁已經在品嚐他的魚尾，啤酒在隔，他醺醺然，好似已經醉於昏黃的路燈下，怡然自得，還哼起江蕙的「我沒醉我沒醉沒——醉……」。那對夫婦也正要開動。太太先吃口魚肉，「真的好清爽呢！」而她先生呢？夾了魚胗一大口吃下，「要是有白飯就好了，我可以吃兩碗公。」他意猶未盡，還不停凝視隔壁桌老翁的金牌啤酒，眼神彷彿透露著，「哎呀，早知道也帶酒來，下酒多好呀！」

輪到我們了。「是你喔…就久無看著你阿！是去台北喔？」老闆娘喝了口茶，大力嚥下，對我說。

「無啦！最近卡無閒啦！今仔日專程帶我老北來吃你ㄟ烏魚米粉。」我介紹父親給老闆娘認識。

「無閒就是有錢賺，尚好啊。」老闆娘對父親點個頭，接著問，「阿今仔日買吃甚米？」

「我買魚頭一碗，魚尾一碗，要加米粉。擱買一盤烏魚膘。攏愛辣。」我趕緊向老闆娘點餐。

「按內愛等喔，我今嘛殺厚恁……」她說著，握起大菜刀，往烏魚身上「碰！碰！」大卸數塊。

魚塊再次被丟進沸騰的大湯鍋中，高湯稍微沉靜，幾分鐘後，又在泡沫中翻滾。老闆娘用大湯勺，舀起了魚頭與魚尾，灑下蔥花，端給我們。之後用青蒜緩炒，放入烏魚膘，文火候著。兜上些醬油、米酒，慢

■ 烏魚肉質甜美彈性佳

煨，使之入味。另一方面，我們已完全沉浸在湯汁的馥郁之中，任香氣蒸熱我們的臉。「這是正港野生的。」父親正小心地夾出魚刺，「你看，這魚仔不就大尾，吃起來攏有魚仔甜味。而且，」他吃了口魚肉，又繼續說，「這魚仔尾彈性有夠好，就是游水游就出力卡愛按內。」原來如此阿，父親不愧是烏魚愛好者，馬上分辨野生與養殖之差異。不久烏魚膘也上桌。看著這外觀像豆花的美食，此刻我們皆以恭敬的心，輕輕地用鐵湯匙舀起，一小口一小口，細細品嘗這等了一整年的獨特野味。

我斟上兩杯勁辣的溫酒。父親豪邁地說，「今阿日吃到這好吃的烏魚，乾啦！」他高興地仰頭一飲而盡。杯觥交錯中，甜美的魚肉、綿密的魚膘、帶薑味的熱湯。就算沒有鹽烤鯖魚、納豆海膽，有此溫酒驅散夜裡寒意，又不用默默獨啜用餐，有什麼比這更愜意呢？

愛河的風流韻事、烏魚的冒險旅程以及在台灣各族群的尋根故事，在我們的話題中打轉。故鄉，該是許多人心中難以抹滅，又會稍稍刺痛的兩個字，它代表自己的過去與未來。像烏魚，一生帶著產卵的使命，終究回到自己的家鄉。

這是周六夜晚。氣溫 15 度，愛河沿岸正颳起徐徐北風。父親和我正享用難得的野生烏魚，而耳邊還不停傳來客人的點餐聲，「老闆娘，來二碗中摳、一碗魚尾，加米粉ㄟ喔！」

愛河沿岸・冬季野生烏魚

三民區

Kaohsiung Map

鴨子船與愛之船

鴨子船又名水陸觀光船，擁有可愛鴨子造型。它最大的特色是能像公車般在陸地行駛，也能在水中航行。而當載滿遊客的鴨子船自陸地緩慢開進河水中時，那瞬間水花四濺，落水滑行，相信是值得享受、經歷的快感。愛之船則為太陽能船，以節能減碳的概念來開發。目前二者的路線，皆規劃有愛河－高雄港循環航線與愛河－駁二站航線。

■ 鴨子船下水了！

■ 愛河沿岸風光

愛河出海口

愛河於海邊路附近注入高雄港。其周邊之真愛碼頭與光榮碼頭是觀看愛河出海口最佳地點，分別屬於高雄港12號與13號碼頭，原是散裝貨櫃碼頭。真愛碼頭設有雙風帆造型的公共藝術；光榮碼頭過去曾是載運官兵至金門服兵役的軍用港口，開放後為高雄經年舉辦燈會藝術節之處，其施放之煙火耀眼繽紛，照亮高雄的天空。未來將連接亞洲音樂中心。

■ 欣賞愛河出海口的新光碼頭

願景橋

愛河之心

中都愛河濕地公園

博愛一路

松江街

捷運高雄站

愛河「愛河之心」與博愛路交會附近沿岸，古早時候就是烏魚洄游之地，舊稱烏魚港。愛河之心往南附近有可以吃到烏魚米粉的隱藏版小店，每年入冬烏魚季來臨時，小食攤才會掛出「烏魚米粉」招牌，想吃烏魚米粉的人得要消息靈通並趁早。

西河一路

同盟三路

建國三路

六合夜市

中山一路

中華三路

美麗島站

愛河

民生一路

高雄女中

中央公園

五福二路

西河路

五福三路

■老闆娘快炒，另名工作人員盛湯，即使冬季裡也能感受店的熱度，想吃烏魚米粉的饕客只能趁早在十一、二月魚季光臨。

■青蒜野生烏魚膘，請享用

真愛碼頭

光榮碼頭

中山二路

中華四路

成功二路

三多三路

高雄展覽館

新光碼頭

■ 愛河每年端午之龍舟賽事

輕軌夢時代站

從輕軌到漁港

船 員 的 菜 單

KAOHSIUNG

　　在德國慕尼黑時,到北方郊區租了個有微波爐的房間,靠近伊薩爾河畔英國花園附近。每天早上進城時,得搭乘有軌電車到電車總站,再由總站接巴士或 S-Bahn 到各地。我很享受那段輕軌之旅,雖然只有短短幾站距離。然而在低溫清新的早晨,坐在寧靜的候車站等車,那份愜意與自在常帶我抽離世事的繁瑣,能以獲得心靈片段的清澈時刻。約十來分鐘,電車便會進站,之後它會行駛在兩邊滿是綠地的軌道,草地上開著小黃花,隨風飄逸。偶爾還會看到遠處幾隻米白色野兔正低頭覓食,有時牠們會在車子通過時站起遙望著我們。然後電車轉彎,將綠意拋在後頭,當繁榮的商店街接近時,提醒我們已進入市區。

　　2016 年,高雄輕軌正式營運。我特別帶孩子去體驗了幾趟,這稱為台灣第一條臨港的環狀輕軌。孩

■ 高雄輕軌與高聳的八五大樓

■ 港都輕軌──高雄世貿展覽館站

■ 高雄世貿展覽館

子興奮地要求,「我要坐過去,還要坐回來。好不好?」抵不過他期盼又可愛的臉龐,我們便從與捷運紅線凱旋站交叉口的 C3 前鎮之星站坐到終點 C8 高雄展覽館站,停留幾分鐘,再返回起點 C1 籬子內站。最後一段是從 C1 到 C5 夢時代站,順道去逛了百貨公司。

剛開始,孩子的情緒仍高亢,嘰嘰喳喳說個不停。輕軌緩緩啟動後,他也安靜下來,看著窗外的景物。凱旋路上汽車、機車、房子,一一劃過眼前,繞至成功一路,其他建築物陸續出現──大型購物中

■ 台鋁裡的咖啡啤酒餐館

■ 在船上凝視高雄港夜景，別有滋味

心、摩天輪、台鋁影城、軟體科學園區、高雄總館、八五大樓、及高雄展覽館。

車子速度並不快，兩邊同樣規劃綠色草皮，當我們靜靜望著外頭，有那麼剎那，我好像看到慕尼黑輕軌旁的綠帶，我又回到那清早進城的時刻。

前鎮區的輕軌，目前沿著成功路拉到了苓雅區的新光碼頭。前鎮之星站得以與捷運紅線接軌，而位於夢時代站西南方的擴建路上，為公車前鎮站。從這裡可直達旗津或中洲，亦能回到高雄市中心。

公車站旁，還有一個著名的前鎮夜市。在這裡，有相當多的珍饈美味。少見的活鱉料理、渾厚多肉的鱔魚、吹彈多汁的花枝、漁港直達的海鮮現炒與馥郁飄香的當歸鴨肉。有回利用下班，在夜市大啖海洋漁產，撞見三名金髮灰眼珠，高大壯碩，各個像美國梭魚泳將菲爾普斯身材。他們就坐在我們隔壁桌，一進來便像老主顧般，與老闆娘交換了眼神，便逕自走向冰箱取了半打台灣啤酒，再熟練地拿了玻璃杯與開罐器，三人便一跨步坐下，開朗豪邁的乾杯。一會兒，三大盤橘紅色草蝦上桌，他們一面剝開蝦殼沾著薑醋醬汁，一面又灌下一大杯啤酒。盤底見空時，又是三大盤草蝦。

我們結帳離去時，與老闆娘聊了一會兒，才知他們的身分。

「哦……你說他們呀！」老闆娘原本在旁忙著切菜，她停下幫我們算錢。

「攏總是八百三十元，算你八百就好了。」她接過我們的新台幣，從圍裙拿出找我們的錢。「他們是從那個…俄羅斯來的船員。」

將錢遞給我們後，她又說，「他們這陣子大概每個月都會來台灣一

趟，每次到高雄港，都會來偶們店裡吃蝦子。而且只吃蝦子吶。」

「只吃蝦子？」我吃驚得複誦這句話。

「嗯，沒錯，當然攔有啤酒喝通海。蝦子也是吃到吃不下才停止。」

「有這種吃法喔⋯⋯」

「素阿，後來偶就知道每個月這時候都要準備多一點蝦子，才有辦法再賣給其他人，不然偶那些熟客都沒吃到，偶嘛歹勢啦！」

又有客人上門，老闆娘趕緊招呼。我們走出夜市，回頭看著那三名俄羅斯船員，他們的樣子顯得酒酣耳熱，但似乎非常滿意這頓晚餐，不時拿起酒杯「叩」一聲，然後仰頭一飲而盡。

輕軌的南邊，是前鎮河。它的上游是鳳山溪，在此處蜿蜒，並注入高雄港灣。前鎮河經過多年除汙治理，已恢復魚群。在翠亨橋上，可以望見原住民主題公園，以原住民的手工藝、木雕為創作平台。順著河流往下游散步，於興仁橋附近則是臨海特定區五號公園。整個前鎮河畔的綠堤，以紅色風鈴木與桃花心木妝點，搭配自行車道與夜晚燈光，讓這個親水公園重新展現迷人風貌。

運河再稍往南走，便為前鎮漁港。若要以大眾運輸前往，得在公車前鎮站搭乘紅 9 號公車，在漁港南一路下車，再以步行方式即可抵達漁港。我其實一直對大船進港有著莫名的悸動。那份感動會在滿載的漁貨傾

■ 前鎮河上小艇

■ 漁港的漁船正進行裝卸作業

■ 碼頭貨輪上飄揚的旗子

■ 前鎮漁港旁停靠的大型船隻

倒下來時達到最高峰。不過漁港的作業時間與你我大不同，在大夥酣酣入睡時，起初拉起的是那幾乎深沉到谷底的黑夜，午夜二點，正是船員們工作的黃金時間。

　　畫面定焦在港口上。午夜三點，漁獲已陸續上岸，旗魚、鮪魚、海鱸、海鱺、黃金鯧等。隨著專業的低頻叫價聲與窸窣的竊語討論聲，這些現撈海鮮在人們手中不斷的移轉。一籃接著一籃，又是豐收的季節。當眾人忙碌近尾聲時，黎明的幔子換上，早上六點，人們便逐一離去。接著這些漁貨從船上到市集，再自市集到貨車，不用多久，這些海類將抵達傳統市場進行販售。也許中午的餐廳，或家中的晚餐，你就可以享受到上等魚市場供應來的精緻料理。

　　前鎮漁港目前是高雄最大漁港，屬高雄港第二、三貨櫃中心，它位在旗津過港隧道前，補了旗津漁港之不足，多數海洋漁船都到此卸貨。這裡有魚市場、起卸碼頭、加工廠、製冰廠，另有船機修繕保養設備，是腹地相當大的漁港。

■ 形同百匯自助餐的佳餚

　　念了好幾回，要帶孩子體驗午夜漁港風光，但遊覽當日，依然是天亮時分。昏黃燈光下的魚市場，果然已經收工。只剩地上剛刷洗過的痕跡，還有無數個正準備離開大快朵頤吃份早餐的船員們。港口邊，有賣什錦炒飯、海產粥、餛飩麵或滷料。簡單的摺疊餐桌上，已坐滿客人，到處是筷子湯匙碰撞的音調。一邊的飲料店，老闆則已和船員們喝到微醺，正聊著海上冒險犯難的精采故事。

　　我們走到一間快餐店前，原本並不打算這麼早就大吃大喝的。但，某些因素吸引了我們。很平凡的小店，燈光稍嫌不足，但裡面坐了好幾桌的客人，桌上擺著諸多料理，當然一定要有酒精飲料。這些客人說著不一樣的話，仔細聽起來，似乎有些操著泰國、印尼口音，有些講著菲律賓或馬來話，其他就是正港台灣人。我很好奇，是怎樣一間店能滿足這些人需求。於是我一大步上前，這才看到幾十項菜餚，全擺在白色圓形或波浪狀方形瓷盤上。

鹽烤鯖魚	醬滷雞腿
生煎虱目魚肚	酥炸排骨
紅燒鯛魚	芹菜鴨腸
辣炒小卷	烤旗魚捲
乾煎午仔魚	蒜炒四季豆
客家小炒	蛤蠣絲瓜
韭菜豆干	鹹蛋炒山苦瓜
豆醬野蓮	……

■ 港口邊的陽春麵也是船員最愛的小吃之一

■ 精緻美味的的餐點

■ 前鎮漁港的土魠魚

■ 前往港都各市場的大型魚隻

■ 世貿展覽館旁之碼頭貨輪

　　這裡的菜色，有海產店裡的海洋味，川菜裡的醬味，日式料理的烤味，也有下飯重口味的客家味。雖不到中午，但我們終究無法抗拒這滿桌的好料，趕緊點了幾道菜。

　　店裡老闆一看到我們，馬上分辨我們既非當地人，亦不是船員，隨口與我們聊了幾句。

　　「你們來觀光的嗎？」

　　「算是吧！帶孩子到漁港走走。」

　　「若要參觀魚市場，最好三點來。那時這裡熱鬧滾滾，到處都是魚腥味。你們可以看到很多大型漁船，還有很棒的海鮮。」

「是阿，我知道前鎮魚市場很精彩的。等孩子大點，我
會再帶他來。」

「對呀，我們前鎮漁港，最近來了各大報、還是什麼媒
體記者的，連美食節目都有來報導的。大家都說要來看看港都
的前鎮漁港風采。」

「這樣啊，那我們身為高雄人更不能錯過喔。」

「就是講嘛！你們一定還要來喲！」

在老闆娘的笑容中，我們用完船員們的早餐。與老闆娘
約好一定要再來後，我尾隨某些也正離開船員的腳步來到港
邊。他們多半上了船，進行船上準備作業。我沿著岸邊走著，
想起日本詩人的一首詩。

清晨的浪花有如抒情小曲般清新宜人，
一抹的雲彩裝飾在微暗的天際上，
有時，霧般的海浪讓人有一頭闖進花店的朦朧濛濛感。
彷彿將湛藍的天空加水調淡般，
港口的音階，既像黑人靈歌，又像海鷗的鳴唱，
讓街道上的人們聯想起水母的沉浮。
花店、水果店，剝開後熱氣騰騰的栗子，
皮膚黝黑的人們面帶微笑地走過，
港口的清晨如花蕾般悄悄綻放。
市場上，一朵康乃馨如海上浪花般，迎面而來 …

——山田芳夫〈港邊的早晨〉，詩集《菊花的歷史》

前鎮，若以畫布上用色來定格，它應該屬於一大片的藍
色。寬闊的天空、整治過的前鎮河、深沉的海洋、近乎墨色的
海溝，點綴著些許白色、紅色、綠色的漁船，外加一整排黃色
的燈泡。還有綠白相間的輕軌，純白的海鷗，以及暗黑皮膚的
船員。

當然，色彩最繽紛讓人目不暇給的，絕對是那船員的菜
單，有蝦子、炒飯、與數十樣快炒，簡直豐盛到不行。

喔，還有與那位老闆娘的約定。我得記下來，哪天絕對
要再帶孩子來，來拜訪高雄這得天獨厚的前鎮漁港。

從輕軌到漁港・船員的菜單 　前鎮區

Kaohsiung Map

報乎你哉

高雄輕軌最先的規劃是臨港線，後擴大加入環狀線的理念。由前鎮凱旋四路的籬仔內開始，於夢時代轉成功二路，進入臨港線，行經高雄展覽館、光榮碼頭、真愛碼頭直到駁二站。計劃路線會延伸到哈瑪星、九如四路、美術館，轉入大順一路至博愛路交叉口，再回到凱旋路。

■ 高雄最大圖書館──圖書總館

■ 行駛中的輕軌

■ 高雄夢時代與摩天輪

高雄85大樓

高雄展覽館

成功二路

高雄港

心二路

復興三路

民權二路

光華三路

中山三路

前鎮區

凱旋四路

籬仔內站

■ 港都世貿新光站的船隻

中華五路

夢時代站

時代大道

前鎮之星站

凱旋觀光夜市

原住民主題公園

自強一路

前鎮夜市

擴建路

新生路

鎮州路

前鎮河畔

德昌路

■ 諸大的草蝦料理上菜了

興化路

新衙路

前鎮臨港輕軌景點

沿著成功路，還有幾處值得探索景點，坐
輕軌就能抵達。MLD，改建自日治時期台
鋁舊廠房，籌劃為結合影城、書店、餐飲
與展演場所的多元性空間。在它北側為中
鋼大樓，東北方向為IKEA、家樂福與好
市多。高雄展覽館則為多功能經貿園區的
展覽場所，緊鄰光榮碼頭。對面之圖書總
館，為藏書100萬冊之高雄最大公共圖書
館，外觀為綠建築，並透過巨大天井設置
空中庭院，為館內引進大量光源。

漁港路

■ 簡單的乾麵加點肉燥
就是美味的一餐

前鎮漁港

港口邊，有賣什錦炒飯、海產
粥、餛飩麵或滷料等，一早港邊
的快餐店就能吃到各式菜餚。

■ 鳥松濕地湖泊

鳥松湖畔溼地

老饕最愛的虱目魚攤

KAOHSIUNG

　　月黑風高。風中傳遞詭異的滋味。

　　叢林小徑中，萬物靜寂，隱約只能聽到噗通噗通的心跳聲，以及越來越急促的呼吸聲。

　　突然，「啊——啊——」接二連三數聲高頻的尖叫聲劃過暗夜。幾個穿學校運動服的女生抱在一起，哀嚎聲四處響起。

　　「我不要玩了啦！」「嗚嗚嗚……是哪個不怕死的說要玩的啦，好恐怖喔……」

　　「拜託啦，打死我都不要再往前走了呀……」。

　　甭擔心。這不是驚悚片。那，你猜到是什麼了嗎？

　　好。都猜完了吧。謎題揭曉，相信你大抵已猜出。那似曾相似的場景。留在年輕氣盛的年代。

　　「試膽活動」。中學時期常玩的遊戲。地點正是在澄清湖。

　　沒錯，除了常綠青山、貨輪海洋、無垠田園、戀戀大河，高雄還有一個老少皆知的著名湖泊。

■ 澄清湖內中國式涼亭很多

■ 澄清湖大門口

■ 風光明媚的澄清湖

■ 澄清湖內不管烤肉區、露營區、泡
茶區都腹地廣闊

■ 從湖畔看遠方的中興塔

　　大碑湖，官方名字為澄清湖。

　　古時用以灌溉，支援農業系統。太平洋戰爭，軍事供水。蔣介石到此
一遊，多少觸發些鄉愁，他看到中國西湖的影子，便在湖光山色中蓋了一
個行館。爾後，聲名大噪。大夥爭相來看傳說的美景與行館。

　　對我等在地人而言，70年代，那是春節才會去的觀光區，唯有那時父
親才有多出來的年終獎金付全家的門票。80到90年代，那是訓練我們獨
立與勇氣的地方，因為學校會在那裡辦野炊，還有露營。一群癲狂的孩子
吃著自己煮卻沒熟的米飯，難以下嚥卻足以果腹。營火晚會裡，在熊熊柴
火下的群體活動中奮力闖關又胡亂呼喊，之後被丟到在漆黑夜遊裡試膽。
結果，大致就如上述。雖然感到驚心動魄，但也成功達到青春恣情之目的。

　　到了90年代以後，到外地讀大學。離開故鄉之後，那兒也隨之封
存，鮮少再去觸碰。

■ 濕地湖泊另一隅

　　1999 年，澄清湖旁的棒球場正式啟用。
2001 年世界盃棒球錦標賽，曾以二萬五千名觀
眾創下單場比賽人數最多紀錄，整條路幾乎塞車
回堵到水洩不通，再加上附近的圓山大飯店、正
修科技大學與長庚醫院固有人潮與車陣，那時期
此處的交通經常處於緊張狀態。而棒球場上的台
美之戰，其精彩戰事也在後來經常被球迷們津津
樂道地討論著。

■ 鳥松濕地旁的階梯

　　2000 年，西側自來水廠用以淨水與排放水
的沉沙凹地，由於長年積水，在大自然的交互演
替影響之下，孕育各種水生植物，衍生繁殖諸
多物種，於是積沙占地 3 公頃的小池塘遂逐年變
為藏匿廣闊生態的湖森公園。學者、環保團體、
當地居民驚艷其多元豐富性，於是在各方爭取之
下，終於規劃成鳥松溼地。

　　儘管是袖珍型公園，卻是當地人怡情養性，
休閒健走的最佳去處。且因生相完整、緊臨澄清
湖，故也吸引大量遊客觀賞與研究人員前往探索
紀錄。

■ 在溼地旁休息的白鴨

這幾年，天氣若晴朗，我們會在晨曉時分自後門進去澄清湖慢跑，有時也會帶孩子到園區樹蔭下野餐，玩著大地遊戲。大戰時作為指揮中心的海洋奇珍館、蜿蜒湖上的九曲堂、楊柳披拂，迎風劃過湖面的划船場、爬著氣喘吁吁，宛若中國宮殿的中興塔。之後轉到露營烤肉區，一掛掛人群正圍著木炭爐火，炙火上的肉味飄颺把我們團團圍住，然後烤玉米、蛤蠣、秋刀魚、青椒、杏鮑菇……綜合香氣都跑出來了，另有人自備炊具，煮著菜頭魚丸湯。我們邊攀著階梯，邊向孩子說著爸爸媽媽青少年時，曾經在營區烈火旁瘋狂奔放的故事。

澄清湖畔，有多間創意主題餐廳。閒暇時，能看著湖邊風光，在秀麗水色陪伴中優雅用餐。此外，澄清湖東向的鳥松國小，往北至仁武區仁雄路，西方的三民區覆鼎金、建工路，至南邊的鳳山濱山街、青年路，林林總總有各色美食夜市。但我每次到澄清湖，最愛到南邊靠近鳳山一間魚攤大啖虱目魚料理。

天還混沌未明，老闆娘已扭扳開天花板的電燈，拉起鐵門。她先整理事先預備好的食材，便「啪」一聲以點火

■ 民國 49 年題字的柳岸詩詞

■ 澄清湖內涼亭與吊橋

■ 老闆娘正清洗處理新鮮虱目魚

■ 炊煙裊裊的工作檯

■ 老饕正品嘗虱目魚頭湯

器點燃瓦斯爐上的爐火，轉小火，置上中式炒鍋，她不費吹灰之力包起整桶沙拉油，斟酌倒了約一碗清油。另一大鍋以「魚骨仔」與「腳檔骨」熬煮多時的高湯，也以中火持續滾著。

　　等油鍋熱起時，另名阿桑端來滿是肉燥、油豆腐的陶鍋，她將鍋子放在小瓦斯爐上加熱後，前去接手她的工作。門口的貨車停妥，司機下了車，他送來虱目魚、鮮蚵、小卷等海鮮，與一旁整籮筐的高麗菜、茄子、空心菜、豆腐等食材，老闆娘走出工作檯、正親自驗收點交。不久，蛋行的車子也來了，卸下二籃的雞蛋。她將蔬菜類交給廚房助手，海鮮類分配給另名工作人員。自己取了虱目魚，走到角落，拉個小板凳。「唉呦」，她一個坐下，嘴裡不自覺咕噥發出聲音。

　　「在恁攏擱ㄟ眠時，我就佇此無閒到今嘛。」到這兒吃飯時，約十點半。那時人不太多，剛好可以與老闆娘閒聊。

　　「這ㄟ魚仔我攏家己殺。」老闆娘趁機坐下休息，她等著待會兒午餐第二批人潮。「這魚皮要叨叨啊取落來。通常一刀就愛到底。」她指著冰塊上的魚皮告訴我們。

■ 虱目魚腸湯太晚去,
就賣完了

■ 大片捲曲的魚皮

■ 魯小腸為招牌小吃

「有ㄟ人抹魚漿，有ㄟ人切成好幾塊，你看我的魚皮，攏整塊好好。」接著她又說，「像魚腸，你看有大副沒？這些料，我攏撿過，而且攏洗咖清氣噹噹。真正好卡賣厚恁吃ㄟ內。沒偷工減料ㄟ啦。所以阮這攏是老顧客來吃。有ㄟ擱攏逐工來。」她說著露出靦腆的笑容，「說來看我啦，啊其實不就吃習慣我煮ㄟ阿啦！」老闆娘哈哈大笑起來，一群客人又來了，她收起笑意，招呼起他們。「來，要吃甚米？」

的確，每次來都可以看到許多上了年紀的阿伯大嬸。他們像是常客，一來，老闆娘就知道他們要點什麼。有些歐吉桑會自己去工作檯上拿米酒，顯然希望魚湯裡酒香更濃郁。還有的，會私下要點蒜頭辣椒什麼的。

我們品著虱目魚、筍乾、油豆腐、還有超大份的苦瓜封。新鮮大顆的魚頭，烹煮恰到好處，白色魚眼珠突出，周邊滿是膠質留下的珍貴汁液；魚皮整片，美味不在話下，厚度約三毫米，看得出細緻刀工。在湯裡捲成波浪狀，隨心情咬下大小，她讓你覺得，吃這份食物，口感與氣度都達到上乘。

至於老闆娘說的魚腸，果然豪邁。咀嚼魚肝時，像極了在巴黎吃的鵝肝醬，一樣豐滿多汁。法國的鵝肝佐以棍子麵包，在這兒就配上肉燥飯一碗，味蕾的悸動同等的蕩漾。

魚攤，看似平凡，但不用繁複的配料，或誘人的裝潢。香料，此處好似多餘。老闆娘煮著虱目魚，不管是魚頭、魚肚、魚皮、魚腸。她煮好，再盛匙高湯，夾起一撮薑絲，兜上幾滴米酒，上桌。食材新鮮、美味與否，在簡單的料理方式中，赤裸裸的呈現，而眾位老饕的舌頭，離去時滿足的表情，便說明了一切。

「喂，下次到澄清湖與鳥松溼地，再來這裡吃好嗎？」我跟先生建議著。話一出口，突然感到不好意思。奇怪，我不是剛吃飽，馬上又想預約下一次？哈哈！果然是令人吮指回味啊。

鳥松區位於高雄市中心的東邊。被三民、鳳山、仁武、大樹、大社所包圍。因靠近澄清湖，風景優美，早期這裡規劃成別墅區，吸引諸多在仁武、大社馬禮遜美國學校的外籍人士在此落腳。

■ 澄清湖內尚有許多小湖泊

■ 從澄清湖遙看市區大樓

澄清湖往南散布在澄清路與本館路附近，有一些虱目魚湯與粥的美食，不管是魚頭、魚肚、魚皮、魚腸，都可全餐吃到。

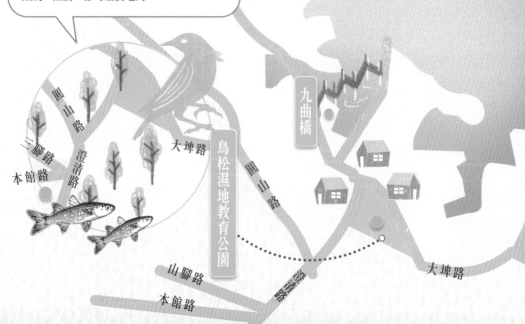

仁勇路

文前路

澄清湖

西岸道路

松藝路

九曲橋

圓山路

大坪路

三腳路

澄清路

本館路

圓山路

鳥松濕地教育公園

澄清路

山腳路

本館路

大坪路

鳥松湖畔濕地・老饕最愛的虱目魚攤

鳥松區

Kaohsiung Map

通往濕地

要到澄清湖或鳥松濕地，目前須搭乘市內公車60、70A或捷運轉乘公車紅30A、橘12，方可抵達。未來高雄市捷運黃線將串起澄清湖經高醫、三多商圈或衛武營至前鎮，完工後便能搭捷運前往。

鳥松國小

環湖路

鳥松路

公園路

澄清湖棒球場

■ 濕地旁民宅

■ 鳥松濕地入口

■ 濕地美麗的湖面

鳳山新城

火 烤 黑 輪

KAOHSIUNG

　　15 歲高中聯招那年，以些微差距告別雄女，失去成為母親學妹的機會，卻因此在鳳中展開「我的少女時代」。

　　說起我與鳳山的淵源，其實還可追溯至更早。外婆家在五甲，每次節慶我們都會回五甲過節。那時外婆、母親、舅媽、阿姨們皆群聚廚房，預備整桌的料理。「叮叮噹噹」、「咚咚鏘鏘」，鍋盆互相撞擊的聲音，伴隨著拉拉雜雜的談話聲、恣意放鬆的哈哈大笑聲，這些高低起伏的樂音，是我最早接觸的打擊樂團。

　　五甲外婆家在鳳山之南，而我就讀的鳳中位於鳳山的中央。早期高雄碼頭興盛，工廠林立，帶動就業機會，吸引許多台南、澎湖、屏東、台東人到此闖蕩，他們離開鄉野農村，都是懷抱著脫貧一展抱負的夢想。也因此，在前鎮、小港、大寮工作的這群人，因地利之便，到鳳山五甲置產乃常事。

■ 大東藝術中心光與影子的對話

　　讀到鳳山的歷史，才發現這裡滿是清朝的遺跡。在《高雄雙城記:左營聯鳳山》中，談到高雄境內的兩大清代古城——鳳山縣城，前者是舊城，後者是新城，在二百年內分分又合合。古意城牆、異國殖民、軍眷文化、再加入憨實奮鬥的出外人。鳳山，經過搖晃與融合，形成現在擁有多元色彩的城鎮。如今，鳳山境內能看見曹公圳、鳳儀書院等些許縣城殘留的遺跡與砲台，也有大東藝術中心、衛武營都會公園等現代化新潮建築。

　　鳳中三年，每天早晨從三民區的住家一路騎腳踏車，翻越澄清橋到校讀書，是一個難忘的經驗，那些上學爬橋日子也造就我強壯的小腿肌與黝黑的肌膚。我常一邊賣力上橋，一邊頭腦還算著代數與對數。學校對面的小吃攤、冰店，也是同學們嘻笑流連之處。我在校園兩旁的七里香花叢，許下對未來的願望。這些年過去，跑遍台灣南北。回到高雄定居後，經常重返鳳山。說不上來，有時總想找些青春年華的故事，以及那曾經無所畏懼的勇氣。不過現在到鳳中，更方便了，捷運就能到。只要搭乘橘線，在鳳山西站下車，步行約 700 公尺即可。學校，變了不少，除了老圍牆依舊，附近也開設了婦幼青少年活動中

■ 鳳山南門公園

■ 大東藝術中心演藝廳

■ 大東溼地公園旁花圃

■ 鳳儀書院的匾額

■ 鳳山長老教會門前之
鳳山北門遺址

■ 曹公圳親水公園

心、鳳山地方文化館與家樂福。但我卻始終沒再走進
校園過。

從光復路的鳳中往西南，是衛武營都會公園。
早先這裡是軍事訓練中心，二次大戰時，為鳳山倉
庫，屬高雄軍事要塞。2010 年，衛武營由軍營蛻變
為一個擁有五十公頃的自然生態公園，城市光景、
迷彩營區、綠意花園全部共聚一區。除了捷運，公
車建軍站亦提供交通服務，公車 50 號五福幹線、248
號、以及 88 號建國幹線，皆從西子灣、鼓山渡輪站
或鹽埕埔開到此地。

衛武營向西，通過國道一號，是高雄市舉辦各式
技擊運動項目的比賽場——技擊館，館方記載諸多高
雄運動史上盛事，包含 2009 年世運期間在此舉行的
浮士德球賽。順著中正一路繼續往西行，便是高雄市
文化中心。

鳳中往北，是橫越東西向的曹公圳，清朝道光時
為解旱象而開鑿的灌溉系統，一直延伸到東北的台鐵
鳳山車站。整個東邊，可熱鬧了，從古老到現代，一
系列的觀光景點，首先是隱藏在巷弄之間，具有二百
年歷史的鳳儀書院，它取代了毀於戰火中的舊城屏山
書院，於 1814 年嘉慶年間由歷任知縣樂捐興建；另外
位於中正路與光復路口，仿哥德式尖塔建築的鳳山基

■ 興建於 1867 年的鳳山基督長老教會

督長老教會，是由 1867 年英國傳教士馬雅各醫師購地宣教而來，現為古鳳山北門遺跡。緊接著，現代派文藝亦到此跨刀演出，2012 年完工大東藝術展演中心，將 19 世紀歐洲拱廊街搬到這裡，設計一個 Z 字型的半戶外藝術拱廊，並利用覆蓋的薄膜，呈現燦爛的陽光、錯亂的光影以及陰涼的溫度。而大東旁的鳳山溪，又稱東門溪，源於大樹九曲堂，貫穿整個鳳山，賦予這裡豐富農業資源後，進入前鎮，再流向高雄港口。

再往南走，五甲夜市，越夜越美麗，蒸餃、鴨肉飯、臭豆腐、豬腳、牛排、滷味。整區燈火通明，是前鎮人、小港人、鳳山人最青睞的大型夜市。

高中放學時，總缺乏飛奔回家的動力，老愛與同學東逛西瞧。那時除了冰店，就喜歡四處吃黑輪。只要十元銅板，可以吃到二支淋上滿滿醬汁的黑輪，外加無止境的芹菜熱湯。說也奇怪，鳳山黑輪的攤販好像特別多，於是我們一攤換過一攤。不過跟現在的店家或改良胖卡不太一樣，那年代的黑輪攤都是腳踏車或機車改良的簡易餐車，賣的種類也不多，黑輪、米血占大宗，最多還有魚板、菜頭，就這樣。他們傍晚時會固定出現在某個巷口，讓往來的學生如我們或上班族能在飯前好好先止飢果腹一番。

■ 燒烤黑輪反覆烤不停

■ 燒烤黑輪的滋味大不同

一串一種口味，回味無窮

■ 黑輪店排滿候餐的客人

　　現在那些老攤掌廚者多半已年邁。他們離開了巷口臨時攤位，省了風吹日曬還得移動車輛的麻煩事，遷徙到固定店面。第二代、甚至第三代經營風興起，販賣琳瑯滿目的各式黑輪、壽司或湯品，而且一定不會漏掉有著熊熊烈火的炭燒烤爐，他們為黑輪攤注入更多求新求變的元素，有的會在店裡放些台灣早期物品，有的放上阿公阿嬤與腳踏餐車的合照。不管如何，人們尋求的都是永恆不變的好味道。味道持續飄香者總能勝出，但味道若是走了樣，仍然得面對廣大競爭市場的考驗。

　　鳳中以北，有間數十年如一日的黑輪店，歷經三代。它的位置不太醒目，要找尋她，得從大馬路轉進巷子裡，而且途中就會經過好幾間黑輪店。若在前面把持不住，到最後肯定是大嘆可惜。她的人氣與翻桌率，平時就搶搶滾，無須等到假日。所以，最好選在「非假日」的午間造訪，免去被人海淹沒，幸運時還能看到「頭家嬤」在現場幫忙。通常，鄰近的大馬路上只會有零零星星的當地人，但無妨，轉入巷內後，必定讓你眼睛為之一亮。

　　某日午時，到鳳山辦事，順道繞到黑輪店。走到巷口，從遠處便看到一間鐵皮厝，門口擠滿了人，人潮夾縫中飄出裊裊白煙，人群宛若處在山嵐中，被輕煙包圍。再向前走幾步，你會被這股白煙拉著呼倫呼倫旋轉，

不自覺猛吸著陣陣的香氣，有那麼幾秒，我還以為那是童話故事裡的從小木屋煙囪所冒出來的縷縷炊煙。

輕輕撥開人群，更不同了。以強大攻勢撲鼻而來的是烈火上的大腸香腸，小家碧玉型散發淡淡清香的是湯類黑輪。

在攤位前滯留過久，看了沉迷，竟忘了先拿號碼牌及找座位。我在不斷湧進的客人前意識到行動的立即性。胡亂掃著目光，我找到正走動的工作人員。

「小姐，我要在這裡吃。」
「好，號碼牌拿了嗎？」
「拿了，在這裡。」
「那這邊請。」

我被帶到最靠牆的小桌上。店裡頭，空間不算大，卻放了無數張毗鄰桌椅，人與人間幾乎是背頂到背，水洩不通，工作人員得側身而行。

炎炎烤爐上的是香腸、大腸、糯米腸、黑輪片，各個烤的風味十足，將美味全鎖在食材裡。咬下去，以豬腸製成的腸衣滋味無比，黑輪外酥內軟，各個食材皆保有自己的鮮甜汁液。另一鍋，是魚丸、菜頭、黑輪與米血，煮得剛剛好，正浸在乳白色的湯頭之中。除此以外，你也能品嘗到新鮮的大腸豬血湯以及肉骨冬粉。由於需求量相當大，這些煮好的料理不停地被端上桌，工作人員又放置新的食材入鍋烹煮或盤上火烤，反覆、反覆、又反覆，他們各個滿身大汗，動作俐落，沒有停歇。

我通通各點了一份，打算吃不完全部打包，回去犒賞老爺孩子。

■ 除了燒烤，也有黑輪湯，滿足不同饕客

■ 再來碗冬粉肉骨湯，大滿足　　　■ 配料菜色很實在

　　這裡的黑輪，與高中時的記憶截然不同。味道，其實差異不大，濃濃的鮮魚味，用的是真材實料，熟嫩恰如其分，湯類也依然由豬大骨烹調而成，充滿長時間熬煉出來的芬芳，只是，好似少了些什麼。也許是以往的感覺，喚也喚不回來。說穿了，我還是那個念舊的女孩，喜歡以前的攤車。喜歡坐在巷子口的塑膠椅子上，吹著風，再從腳踏餐車上的大鍋子裡挑選自己偏愛的黑輪，然後喝上好幾碗加了芹菜油蔥的清湯。幾個同學，聊著隔壁班八卦，身邊還會不時傳來相同的幾句話：

　　「同學，你們是念鳳中的喔！我以前也是呢！」
　　「鳳中還是一樣會當人嗎？很辛苦吧！」
　　「考上大學就好了。一定要加油喔！」

　　那數十年前的話語縈繞在耳，眼前卻是改裝過的店面，新式烤爐上的炭火，以及所有迫不及待等著享用美食的人們。我發覺不管過去、現在、抑或未來，人類的生活就是將不同的元素放進搗碎機裡不斷地破碎、融合，再產生新的挑戰，突破改變。像鳳山縣治新城，在古色巷道旁，構置現代藝術與建築，讓新舊文化各自為美，但也產生衝擊並形成新興人文色彩；也像曹公圳與鳳山溪，在灌溉水利使用之餘，能經過整治，蛻變為花團錦簇的綠帶公共空間。港都，在不斷加油之下，仍然不停地向前邁進。

　　「對了！老闆，這裡要打包。」「再幫我外帶五隻烤黑輪片好嗎，還要加薑片。」
　　「那，總共多少錢？」

高雄市文化中心

衛武營站

中正公園

國道一號

衛武營都會公園

凱旋三路

■ 大東半戶外屋頂如熱氣球，也像天燈

鳳山新城・火烤黑輪

鳳山區

Kaohsiung Map

■ 黑輪、魚丸、炭烤大腸與香腸

青年路二段

文衡路

八德路

鳳松路

建國路三段

烤黑輪的店

曹公圳

鳳山北門遺址

大東濕地公園

一串串烤黑輪，是承傳的老味道，內行人才知道。

鳳山高中

鳳山車站

中正路

大東文化藝術中心

澄清路

鳳山書院

大東一路

有鳳來儀——鳳儀書院

從台鐵鳳山站出站，在曹公路上，便可看到整條曹公圳及河岸綠帶。鳳儀書院是清代用以教學的學校，除了授課，同時也是歲科童試考場。從台鐵鳳山站，約步行700公尺即可抵達。鳳儀書院是台灣現存書院中，年代最久、規模最完整也最大的書院。

南門公園

五甲一路

■ 書院裡的照牆

■ 大東戶外裝置藝術

■ 鳳儀書院裡的寫實栩栩如生的公仔

■ 鳳儀書院遺跡

半屏山

挑戰十碗碗粿

KAOHSIUNG

「今嘛這倍爾ㄟ清幽內。」老人説。「又攏安靜。」

老人坐在藤椅上輕輕晃著，椅子有了年紀，發出「吱吱拐拐」的聲響。「二十年前我搬來這，水泥廠攏有ㄟ運作。這幾年停工阿，邊仔公園攏一大片，逐工ㄟ空氣攏有夠新鮮。我不時嘛去爬山運動。」他拿了把扇了搧著風。「聽説旁邊的空地要蓋大樓了，後拜這就ㄟ足熱鬧⋯⋯」。

■ 遠眺半屏山

■ 正離開左營站的高鐵

　　這位老人就坐在半屏山後巷的巷子口乘涼。我和先生打從明潭路拓寬後，就常走這條路到哈囉市場。那天無意中騎到台鐵新左營站，就在附近濕地公園繞了一圈。

　　這裡是半屏山的東南側，緊鄰左營區高鐵與新左營站。從半屏山後巷往上爬坡，是半屏湖，人工沉砂池，用以水土保持與自然生態之復育與再生。高雄的壽山、半屏山從日治時代，就因豐富的珊瑚礁石灰岩層，而被日本政府設置水泥廠進行採礦。小時候每每經過半屏山，都會看到山腳附近的挖土機，以及附近飛煙滾滾的礦區。

■ 遠處停工的水泥廠清晰可見

　　母親會重複一個傳說：「從前從前，有個做湯圓老師傅，他用半屏山上的泥土做成一顆顆可口的大湯圓。做了很多很多年，山上就變成光禿禿了。」

　　「歐買尬！」幼年的我天真地深信不疑。「竟然光是吃湯圓就可以吃掉了半座山，真是太可怕了。」直到長成，才知道這只是個童話故事，真正的原因來自於半屏山的特殊地質與其獨有貢獻。

　　1961年半屏山發生山崩，造成數十人死亡。石灰岩層崩塌，衝撞鐵路縱貫線，墨黑色的蒸汽火車頭被石塊覆蓋，整個地區淹埋荒蕪石

■ 半屏湖溼地

■ 半屏湖畔的鳳凰樹葉子

■ 中油宿舍裡，獨棟獨院，漆成蘋果綠的平房

礫。一群救難先鋒進駐，在碎石頭上不停地開挖掘土，著手搶修。累的時候是蹲坐在鐵軌上，餓的時候則幾個人圍著，捧著「大碗公」完成一餐。這次的災難，改變了採石方式。到了1997年，半屏山的開採權終止，整座山卻只剩180公尺，大家體驗到生態已破壞殆盡，便積極護坡植生綠化。2011年，成立壽山國家自然公園，一舉將壽山、半屏山、左營龜山以及旗後山，全納入當中，成為高雄地區一座坐落位在山海之間的大型國家森林公園。

　　翠華路往北走，進入半屏山之西北側──楠梓區。這裡有極為廣大運動選手所知的世運主場館以及中油煉油廠廠區。世運主場館為全球第一座以1MPW太陽能板製作的運動廠，其鳥巢造型由台灣與日本知名建築師參與設計，兼具動感與美觀，又名國家體育場。而中油煉油廠除了廠房

外，還有壘球場、高爾夫球場、油廠國小以及員工所屬的宿舍區。

中油的宿舍群，宏南與宏毅社區，原屬於日本海軍第六燃料廠的附屬眷舍，國民政府接收後提供中油職員與職工住宿之用。由於是宿舍區，為保持社區寧靜，鮮少對外開放，因而也不具任何觀光色彩。但因某位同事的父親乃中油員工，幾次造訪之下，才開啟我對此地的認識。

社區內，是一間間擁有日式庭院的獨棟房舍。道路規畫採田字設計，二旁豎立著高聳及天的挺拔老樹。每戶人家屋前是片花團錦簇的小園地，花園串聯，遂成了沒有盡頭的綠帶。花園後是高腳木造二層樓房，有的刷成寶藍，有的漆成蘋果綠，有的呈現鵝黃色，其中某些仍遺留白色木製窗框。電視劇《倪亞達》便在此拍攝取景，寫下 10 歲男孩倪亞達的生活，懷抱著夢想、摻雜著無奈、情緒、窘困與開心的故事。

走在路上望向遠方，這兒像極了日本郊區鄉間。此時我是名旅客，觀看著優美的和風建築與庭園景觀，

■ 宏毅社區的獨棟平房

■ 看水中倒影的世運場館

■ 整桌新鮮的碗粿

有點懷舊、有點復古,整排帶著閣樓的老房子,
蜷臥在草地上睡著的貓咪,以及在樹上穿梭跑跳
的棕黑色松鼠。這是幅典型樸實小鎮的畫作。但
也許從屋內往窗框外看,我也成了畫框風景,或
閒逛,或駐足。社區除了這些,預留的公共空
間、游泳池、網球場、福利社、圓環與停車場
等,也讓社區的生活機能更加完整。

　　區內還有個鐵皮厝小市場。

■ 街道盡是年代久遠的挺拔老樹

　　三三兩兩的學生到此吃著點心,婆婆媽媽
提著菜籃來這挑選食材,上班族拿著便當盒裝著
午餐。沉靜的社區,就屬這裡最興旺,也最動
感。人來,人往。來來,去去。

　　遇見老人那天,和先生幾乎繞完整個半屏

山腳，就這麼從左營騎到這社區。看到市場，最想找點吃的。先生將機車停在市場外，走到路口一間攤販前。

「老闆，我要二碗碗粿。」先生開口點著。
「歹勢內！賣完了喔。」老闆抬頭對先生說。
「阿，賣完了喔？這麼快！」先生有些驚訝。
「哪有那麼早就賣完了的啦！」此時我從後面一箭步跟上，滿臉錯愕。
「老闆，我們可是把半屏山繞了一大圈才到的耶……怎麼就沒有了……」

老闆呵呵地苦笑，「歹勢啦，不然你明仔日卡早來ㄟ。」他正洗著鍋子，兩手皆是白色泡沫，溫和地回應。
到了翌朝。
「喂，太陽曬屁股了啦！還睡！不趕快起床。」先生一早就發號施令。

■ 肉羹好大一碗，慷慨地令人感動

「厚，你嘛幫幫忙。」我半夢半醒，噘著嘴巴，「今天不是假日嗎？幹嘛把別人吵醒，不睡飽是要怎樣啦！」我有點不悅。揉揉眼睛，轉過身子繼續睡。

「什麼怎樣啦。碗粿賣光光了啦！」先生沒好氣的說。

「啊！」我大叫一聲，倏然從床上跳起。「哎呀！我的媽呀！碗粿啦！快點快點！碗粿又要飛走了啦！」我跑下床，連忙叫醒了孩子。沒多久拉著先生直奔門口。「快點啦！」

「叫你早點起床就不要……」「不要趕啦……」

「我怎麼知道會睡過頭……」「唉呦！反正快點啦！等下又沒得吃……」

「沒得吃也沒辦法了，誰叫你！」

「什麼叫做誰叫你，拜託，你就沒睡過頭，怪到我頭上來喔…」

當二人自顧自地爭執時，孩子說話了。「爸爸媽媽……不要吵架了啦。碗粿……碗粿要飛走了啦！」

「喔，對對對！」差點忘了真正的目標，好說歹說也是為了碗粿起床的，絕不能忘了正事。

四十分鐘後。

一家人終於出現在市場攤位前。此時我倒是安安分分，臉上擠滿笑容，不敢造次。

「老闆，我們要十碗碗粿，這裡吃。」先生大聲點著。同一時間，身邊的客人皆把眼光投射在我們身上。我把頭低下去，拉拉先生的衣角。「喂，吃得完嗎？」

「你沒聽過『腳手慢，攏吃無。』放心啦！我正餓著……喂！跟你打賭我能吃完，沒吃完的話……」他小聲地說著，「請你們吃冰！」

「你說的？」我噗哧笑出來，一臉勝利的姿態看著孩子。孩子「耶耶耶！」地細聲歡呼。

「我說的！」他竟也一副篤定的樣子。

不料，他又拉開嗓門，「老闆，還要一碗麵羹，再一份米粉羹，都加大。」奇怪，我怎麼又感到耳朵熱熱的，彷彿大家都在看我。「真的太誇張

■ 碗粿的醬汁乃店家自行熬製，略甜，不死鹹

■ 老闆娘正裝著客人外帶的碗粿

了啦。十碗碗粿，外加麵羹、米粉羹，還加大……」我的眼目搜尋羹碗的大小，找到時差點昏倒。「哇塞！比臉大的碗公，未免太大碗了。」

碗粿一碗，兩碗，三碗。麵羹、米粉羹……桌子放不下了，我們乾脆請老闆等下再出。於是，三個人都不再説話，作戰開始。

「真是太好吃了。」我們不自覺地三口併兩口吃完。「老闆，可以再上三碗了。」先生説著。

「好，馬上來！」

一碗，兩碗，三碗……我們又不自覺地三口併兩口吃著。但我和孩子的速度已在下降。

放下了筷子與湯匙。孩子吃不下了，我也不行了。

只剩先生仍在戰鬥。

「他該不會要硬吃吧。」我心想。「其實吞敗沒有那麼難阿……」我有點替他擔心起來。

「老闆，再上三碗！」先生又豪邁地大聲點餐。

「不會吧。」我輕聲嘀咕著。

老闆送來了，「阮叨的碗粿好吃喔。」

「對阿，你看我們吃那麼多……一次就挑戰十碗碗粿耶。」我索性與老闆聊起天來。

「呵呵呵！感恩啦！」老闆看著我們吃光的空碗，喜孜孜的説。「阮是用正米漿去磨ㄟ，逐工攏三點就起來做，現做當然好吃。一天攏賣好幾百個。」

「我哉，昨天來你攏賣完啦，害我吃無，就甘苦。」我露出一副苦情的臉。

「歹勢內。假日生意卡好啦。你哪袂赴，會當卡電話來定啦，我幫你留。」「哈哈，按內換我歹勢啦。」我不好意思的說。之後話鋒一轉，「你應該作就久阿吧？」

「幾十年了。」老闆回答著，臉上突然出現一股落寞。「佇這就習慣呀。毋過，中油已經停廠。後援會有說這裡以後可能要拆了，大家攏愛遷去別位。」

「咁有確定？」我提出疑問。「聽說這兒會做都市更新耶。」

「都市更新會變成按怎無人知呀。阮嘛是愛有心理準備啦，最近阮攏有ㄟ看附近店面。」

「不會啦，頭家。」我決定說些好話。「你的碗粿這呢好吃，看搬去叨位，到時候大家攏愛去捧場啦。」

客人又來了好幾位，老闆展露笑顏，對我點頭後回去招呼客人。先生終於吃完了，但決定放棄最後二個碗粿。「外帶好了。」他搖搖頭，「真的不行了，我以為你們也很餓，會多吃一點。」先生苦笑地說。

「份量很大耶！」換我搖著頭。「粿雖很綿柔，但很緊實。裡面又包香菇、鹹蛋黃與豬肉。那麼真材實料，二碗就 game over 了。沒辦法啦。」

挑戰失敗，卻吃得很滿意。

付完錢後，「啪啦啪啦」，我和孩子決定給先生一個大大的鼓掌。「謝謝你，帶我們來吃這麼好吃的碗粿，還吃到有夠『爽』。」我用雙手手指比了引號。雖說拚大胃王也不是什麼光榮的事。但毅力可佳，吃不完沒硬撐更是明智之舉。而其實最令人感動的，是全家人能一起品嘗到如此美味佳餚。

先生靦腆地笑著，「應該的啦。來吧！我們去吃冰。說好的。吃完再去逛半屏山」。

「吃冰！吃冰！吃冰！」這會兒，沒有鬥嘴鼓了。倒是孩子雙手舉高興奮地跳著。一家三口幸福地離開揮別老闆與碗粿攤。

「媽媽，外帶的那二個給我當點心喔，你和爸爸不能偷吃喔。」

社區菜市場內的古早味碗粿，份量與口感令人驚奇。

宏毅社區

油廠國小站

楠梓區

後昌路

■ 湖面上的烏龜家族正在曬太陽

高雄國家體育場

宏南新村

左楠路

高雄煉油廠

世運站

世運大道

■ 像鳥巢般的世運主場館

半屏山

半屏山濕地公園

半屏山後巷

海功路

半屏山登山步道

實踐路

左營大路

孔營路

明潭路

哈囉市場

左營區

站前路

新左營站

高捷左營站

高鐵路

蓮池潭

蓮潭路

半屏湖溼地與哈囉市場

想要到半屏湖溼地，自高鐵站台鐵新左營站或高雄捷運左營站，步行約800公尺，就可抵達了。附近的哈囉市場，約1公里路程，是高雄市大型魚肉蔬果批發市場，裡面的食材應有盡有，是大廚與總鋪師絕對不能錯過的呦。

■ 從木棧道看半屏湖

半屏山·挑戰十碗碗粿 楠梓區

Kaohsiung Map

報平你哉

半屏山為楠梓與左營之分界，南邊是蓮池潭，北邊是中油煉油廠。從翠華路走，有二處半屏山的登山口，能爬上山頂的觀景台。高雄捷運之左營站到世運站，因通過山嶽，在規劃階段曾將世運站命名為半屏山站。因舉辦2009年世界運動會，在世運站旁基地興建主場館，並將原中海路更名為世運大道。現屬於國家體育場，體育迷一定得去朝聖一番。

■ 高鐵左營站與台鐵新左營站同在一處

■ 寶藍色夢幻似的日式房舍

鹽埕埔與哈瑪星

縱情古早味之旅

KAOHSIUNG

　　我其實很希望在鹽埕埔或南鼓山一帶有棟房子。從鹽埕到南鼓山，那是個同時被愛河、高雄港與萬壽山圍繞的區塊，就像是手心上的珍珠，擁有傲人的先天位置。她的南面，是通商港口與海岸線，與旗津半島面對面，看來像是以永恆的臂膀擁抱著旗後與中州。愛河，在她的東方，其最寬廣的河域，在此時滾滾注入海洋，與深湛大海合而為一。而當轉過身來，舉目觀看，是深奧簡潔、古木常青的山峰。在炎炎夏日時光，還會開滿一大片如同蝴蝶飛舞般的鳳凰花朵，滿山的柑橘色，但還要再亮紅一點。

　　心目中理想的房子，其實不用太刻意，我也不愛過於恣意矯情，只要可以抵擋強勁海風跟西南氣流的一般房子就好。我最希望的，反而很簡單，破曉之時，有時間得以沿著碼頭與大船並肩慢跑。可以吹著鹹鹹的海風，吸著魚腥或海洋的味道。還可順道繞進魚市場逛逛，狠狠地殺個價，買條鮮魚回家油煎，放點生薑絲、醃蘿蔔什麼的，再配碗清淡的白糜粥。近暮，歇了一天的疲憊，我能夠到超市買幾瓶蘋果西打或買杯路口的珍珠奶茶。赤腳坐在海堤上，啃著東山鴨頭或煙燻滷味，等著夕陽對我灑下夢幻金粉。夜晚來臨，我可以與你約在繽紛霓虹的愛河橋上，享受當下，其糾結、浪漫的感受。氣氛對時，再來趟愛之船，一路坐到駁二，逛古老的倉庫，再看場宮崎駿動畫展覽。

■ 鹽埕埔亦能欣賞到愛河出海美麗景觀

■ 瞭望高雄貨櫃碼頭

　　類似這樣的地方，全球各地其實滿多的，像是西班牙的巴塞隆納，東臨地中海，南面是尤布拉加特河，北方是巴索斯河，西邊則是庫伊薩羅拉山。法國南方的馬賽，三面是石灰岩山丘，南方是隆河注入之地，面地中海，這些都是經典美景之都。它們是歐美人熱愛做日光浴，把膚色曬成像小麥啤酒的好地方。但就高雄來說，即使鹽埕與南鼓山的名氣沒像它們如此響叮噹，倒也吸引許多經商或觀光的異國朋友來此一遊。

　　明末清初，鹽埕曾為廣大鹽場。因曬鹽沒落，航運興盛，轉型為拆船據點，數十間拆船業者在此營運，曾蓬勃發展，興盛有餘。日治時代，高雄港築港，利用港底淤沙填平了鹽田，此區遂成海埔新生地。港口活絡了經濟，將金融、貿易、進出口帶進了打狗鹽埕，並利用「濱線（はません，Hamasen，哈瑪星）」鐵路貫線將物資運往各魚市、商港與漁港。鹽埕與哈瑪星儼然成為物資最前線。台灣銀行、三和銀行、吉井百貨店，爾後之崛江商場，最重要的金融業、百貨業皆聚集於此。二次大戰時，臨海三路口的貿易商大樓遭到轟炸，之後日本人走了，美軍進駐，貿易商大樓重建，新樂

■ 高雄的新樂街，銀樓遍布

■ 航行愛河的鴨子船

街黃金銀樓林立，這裡又再次繁榮。日式居酒屋、西餐廳、咖啡店、最流行的時裝店、剪裁店皆讓此區紅燈綠酒，夜夜笙歌，比擬為日本的銀座。

大學畢業時，在小港的鋼鐵大廠工作。與我同梯次的一位同事，因為年紀相仿，成為無話不談的好友。有天她偷偷告訴我，晚上她在五福四路上「Pub」當調酒師，順便練習英語。那時我望著眼前這位素顏，紮著馬尾，穿著工廠制服的女孩，霎時難以置信，但仍允諾要去她店裡坐坐。

■ 愛河旁的居酒屋

回憶起去拜訪她的那晚。內向的我遲疑了好一會兒，才推開酒吧的木頭門。柔和的燈光下，窸窣的說話聲，正播放美國南方的爵士樂曲，放眼望去盡是白人，有的西裝領帶筆挺，有的只是一件愛迪達運動衫。他們的桌上放著各式酒精性飲料——威士忌、可樂娜、血腥瑪麗、或是加了檸檬片的鹽杯伏特加。我在紅藍綠黑等瓶瓶罐罐的洋酒前張望，而後找著一個熟悉的身影。烏黑亮麗及腰的直髮，帶著鑲碎鑽波希米亞風的頸鍊與耳環。她著自然妝，點上粉彩唇蜜，穿著銀白色斜肩絲質小洋裝，套上到膝蓋的高跟馬靴，讓原本一米七的她頓時像個高挑名模。而此時的她正與坐上吧台的老外嘻嘻哈哈地談是非、話家常，並端上一杯杯眩目調酒。我走近，驚訝到說不出話來。直到她跟我聊起天，我才確定這個人真的是白天那位安靜、純樸，認真地坐在辦公桌前打單、議價，研究鋼鐵製程的女孩。

■ 鹽埕埔的西式酒吧

直到如今，五福四路的時裝店、酒吧依舊存在，許多老外也仍然在此小酌一番，他們多是科技公司的工程師、專案代表，也有些是乘船來的船員。而這條路上還多了些其他種類的商店，麵包蛋糕店、貿易公司、文具店、音樂行、體育用品店、複合式餐廳等等。當然，傳承二代的牛肉麵店，屹立不搖，生意還搶搶滾，總店、分店之爭，提供雷同的牛肉與湯頭，但誰最好吃，誰最正統，永遠說不清，只待來往客官定奪。至於我，還是喜歡往小路鑽。

　　崛江商場位在五福四路靠近七賢三路的小巷弄裡。商店雖小，卻提供日本與歐美最精緻的商品。裡面還有幾間小吃店——虱目魚米粉、碗粿、鴨肉麵，以及冬天暖暖的紅白圓仔湯。新樂街上，選購金飾之餘，若要品嘗老牌溫州餛飩麵，別忘了早點去排隊。另外有間傍晚才營業的豬油拌麵，有著標準的媽媽味。

　　往瀨南街走，各種川燙切料的切仔麵、沙茶味過癮到不行的乾麵。下午三點會準時在鹽埕國小前擺攤的紅豆餅攤，料好實在，在孩童放學時常買來充飢的點心。鹽埕街，是皮包飾品批發天堂，有任何你想的到的皮包、袋子、帽子與流行配件。巷子口有小籠包攤，現煮現賣，牆上還留著名人的筆跡，二位年紀老邁的伯伯，一個負責擀麵糰包餡，另一個負責蒸煮與外場。歲月折皺了他們的臉龐，將往事全鎖在裡面，如今小小的攤位，是他們的世界。

■ 老伯正擀著面皮

■ 甫出籠的小籠湯包

■ 捏好黃金皺褶的小籠湯包

■ 鹽埕擁有愛河最寬闊之處

■ 鹽埕綠廊旁的教會建築

　　80 年代，因應高雄的整體都市計畫，重心不斷東移擴張，鹽埕走向平淡。及至近十年，捷運興起，文創復古風又吹回了鹽埕。愛河沿岸的二二八紀念公園綠地，過去是盛極一時的地下街，有電影院、百貨、溜冰場，然而在 1989 年的大火之後，改建為仁愛公園，因設立二二八紀念碑，更名為二二八紀念公園。歷史博物館，是高雄市政府舊址，展示從日治時代到如今的高雄史事。隔壁的音樂館以及電影館則為新設立的藝術建築，提供定期的展演或主題性影展。

　　鹽埕愛河河岸也有些好料。田町市場舊址附近，老不起眼的巷子深處，有個當地人吃不膩的麵攤，老闆娘來自台中，為了孩子由專櫃小姐轉賣海產粥與湯麵，一賣就幾十年，也成了街坊鄰居親切的好朋友。第一次是因四處亂逛而發現，點來品嘗時，一面咀嚼一面喊著，「好吃好吃……」。她煮

■ 烤好的雞蛋糕

■ 歐吉桑正製作雞蛋糕

麵功力一流，如此細小的麵條竟然能煮到外軟內Q，我意猶未盡地想下次再來，抬頭問她，這裡到底是那裡？老闆娘邊揀著豆芽菜，邊微笑綻放她朱紅雙唇，「河川街 103 巷」。

　　靠近建國橋的雞蛋糕，在談成一樁案子的午後經過。那時想買些點心犒賞自己，看到一位歐吉桑，正烤著雞蛋糕，原味 8 個 20 元，奶油、紅豆餡的則是 4 個 20 元，多麼令人心動的價錢阿，當下立即停車購買。「愛等喔！」歐吉桑告訴我。「沒要緊。」我開心地回答。五分鐘後，我拿到熱騰騰的奶油雞蛋糕，「燙燙燙……」手指頭燙到縮起來，但仍不死心拿起。吃下去時，「歐……」，我馬上回頭去。「老闆，再來原味、奶油、紅豆各一份。」

■ 經典韓式烤肉

　　河西路上的北港米糕，一樣傳了三代，在這裡常可見許多老人身影，點碗米糕，配上蒸蛋，這店亦陪伴他們度過無數個年頭。轉到壽星街，網紅的雞絲麵，從下午三點開賣，有乾的、湯的二種吃法，還有生的讓你外帶回家料理。富野路，則有道地的土魠魚羹與排骨飯，還有過去知名「賊仔市」留下來的腳踏車店與部分百貨商店。到了大仁路，港都的烏魚子店，正曬著當季的烏魚子。老闆娘在騎樓整理出貨的紙盒，看

■ 哈瑪星鐵道文化園區旁的天空雲台

到我拿著相機，不自覺用手指撥順頭髮，並將其塞往耳後，露出羞澀的笑容，「哎呀！我今天沒有化妝啦！要不然，等我一下好嗎？」

七賢三路近愛河綠地的海鮮羊肉店，每當入夜，你便能看到盛況空前的港都饕客。各個圓桌上有著蒸氣飄揚的羊肉爐、灑下胡椒鹽的烤魚、以及鳳梨豆醬炒時蔬，不免俗地，一罐罐深綠金牌啤酒昂然挺立。

往漁人碼頭方向前進，沿路是火鍋店、日本料理店、銷售東南亞物品的店舖或小吃茶坊。其中有間韓國料理店，多年前曾隨一對來自首爾的宣教士夫婦到店裡用餐，店老闆是韓國大邱人，來台定居後，用好手藝回味思念家鄉菜，店裡的部隊火鍋、海鮮煎餅、辣炒年糕、石鍋拌飯等都是典型高麗料理。

■ 駁二藝術特區內的手工藝攤位

■ 駁二目前成為港都最夯景點

自高雄港牌樓往東，即可抵達駁二藝術特區。60 年代原本只是一般港務倉庫，卻因千禧年的煙火秀而被發掘。自此，地方藝術家與政府共同投注心力，積極開發大勇倉庫群。知名麵包餐飲店、文具生活館、藝術電影院也入場營運。爾後，沿著舊濱線鐵路軌道，哈瑪星的台灣鐵道館、鐵道文化園區、正港小劇場等蓬萊倉庫亦加入行列，數場藝文活動，實驗藝術創作，豐富了港口海洋文化。2013 年，再擴充大義倉庫群，增添了雜貨舖、禮品店、手工創作藝品等。於是乎，駁二，成了港都最夯的旅遊景點，在這裡，你可以在碼頭平台上觀看這個海運樞紐、貨物進出口的國際港口；踏上天空步道，眺望寬闊草皮上無數條的濱線鐵軌，一窺日據時代的鐵路文化；再轉回那舊時代的倉庫空間，美夢般忽明忽滅的燈火，近看各種不同凡響的前衛現代藝術。

駁二特區向西，走臨海二路，過了西子灣隧道，是高雄著名依山傍

■ 壽山上常有像蝴蝶般飛舞的鳳凰花

■ 夕陽餘暉灑在海面上

海的中山大學。若走哨船街，經過一艘艘遊艇船艉，為打狗英國領事館文化園區。此處是我為之傾心，得以耗掉一整個下午看海的地方。1879年，英國人使用自中國廈門運來的紅磚蓋了領事館與官邸，從山下的領事館到山上的官邸則是一條陡峭的山間古道。首任駐台灣領事史溫侯，在這裡辦理管轄打狗相關業務工作，閒暇之餘，則在山間打獵、研究植物。整個建築有濃濃的英倫風，圓拱、石雕，一片得以遙望旗津燈塔與高雄港的花園。現在，參觀英國領事館，你也能坐在裡面，喝杯英式下午茶，用史溫侯的眼光，俯視這美麗的福爾摩沙。

　　當海洋景觀滋潤豐富了你的心，旗津半島對你不停放閃，那麼到濱海一路的鼓山輪渡站，便可直接坐船過去旗津一探究竟。去看那白色旗津燈塔以及名列古蹟的旗後砲台。同樣的，在旗津燈塔上，回眸就可望見對岸的英國領事館，而上船奔向旗津之前，亦可來點美味。輪渡站附近有諸多選項，歷史悠久的大碗公剉冰，提供鋪上芒果、煉乳的芒果牛奶冰、料好實在的八寶冰，有彎豆、四菓、仙草、愛玉等食材，不管哪種，得感情

■ 英國領事館內的石階步道

■ 英國領事館拱廊建築

好的幾個人共享才吃得完。此外，現炸的雞蛋酥、紅豆薏仁芋頭等豆花、以及旗魚黑輪湯都是正港台式茶點。若要來杯咖啡，冠軍咖啡就在乘船處對面，能讓你一路精神振奮直到旗津。

　　從數百年前開始，鹽埕埔與哈瑪星因先天優勢，早早便著上異國殖民色彩。這裡是史溫侯最愛的海岸線，也是日本人積極建設，欲與本國合一的港口。對高雄人來說，這兒更是都會區旁的大海港公園，讓工作疲憊的人們，隨時都能沐浴在海風當中，接受身心靈的洗滌。

　　落筆至此，才剛歇息喝口水，手機鈴聲就忽然響起。

　　「楊小姐，」聲音那頭是名房屋仲介，她聲調急促高亢地說，「港口旁有間透天厝要賣，你要不要去看看？」她說得興奮極了，讓我也感染了那氣氛。於是我什麼都沒問，直接出門跨上摩托車，一路衝去與她會合。

　　絕佳的地理位置，還算新的中古屋，由老字號的建設公司興建。我爬上了階梯，在露台上遠望著海洋，貨輪、軍艦就在不遠處，灰藍色的雲層塗在捉摸不定的大海之上。我的思緒遨遊，乘著白鷺鷥的翅膀飛翔，那拂曉與大船晨跑、傍晚光著腳丫坐在堤岸、深夜漫步愛河的夢想似乎越來越近。

　　「多麼令人醉心的景色啊！」我喃喃自語。「這房子要賣多少呢？」我轉頭去問仲介。

　　「這尼嬌乀厝，地坪又擱大，尚重要是愛你恰意啦！開這個金額絕對有價值。不會貴參參的！」這位仲介太太用台語推銷著。

　　「不會貴參參喔？那到底是多少錢啊？」

　　「阿就……三千萬爾爾啦。」

　　「三千萬？」我睜大了眼睛，不停地咕噥複誦。「還爾爾喔！」

　　夢，澈底碎了。

　　不過，沒關係。我乃港都之女，我是不會放棄的。我告訴自己。「哪天阿，沒錯。肯定會有那麼一天。我一定要有間海邊的房子。就在湛藍海水旁。絕對不會錯的。」

哈瑪星與鹽埕埔・縱情小吃之旅

Kaohsiung Map

南鼓山與鹽埕

■ 駁二倉庫之大型看版

■ 鼓山輪渡站能搭船到旗津，並欣賞海上大船

新詩共享

倒數　在海上
夕陽即將西下　消逝在海連天的那條線
滾滾白浪奮力淹沒我的腳
我等候
天邊那抹色彩　無可取代
我渴望
此刻暫停　黑夜別來
但我終將被夜晚吞噬　淚水朦朧了我的眼
別哭別急　遠方一閃一閃的是船上不滅的燈火
嘿！親愛的
我在初次想見的西子灣山崖
等你歸來

■ 領事館二樓，陽光灑入

國立中山大學

西子灣隧道

打狗英國領事館

哨船街

濱海二路

鼓山國小

登山街

西子灣站

鼓山一路

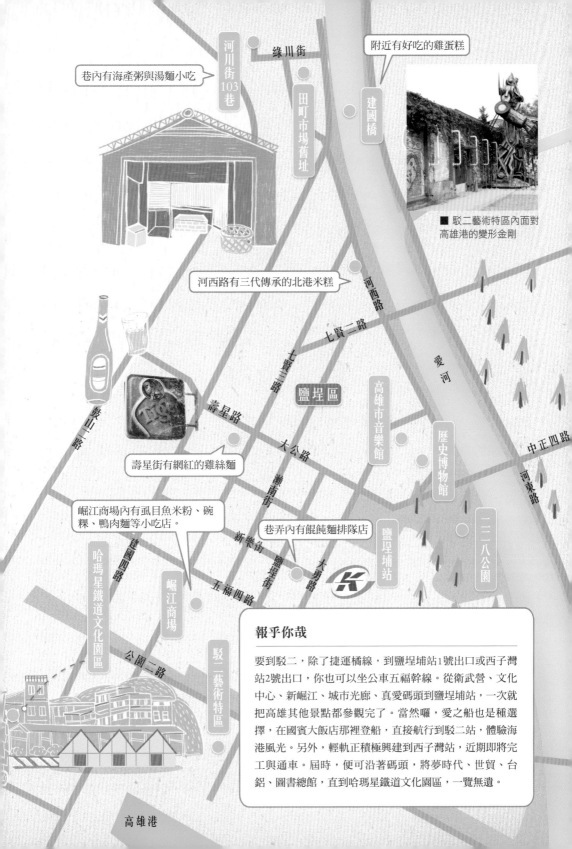

綠川街

河川街103巷

巷內有海產粥與湯麵小吃

田町市場舊址

建國橋

附近有好吃的雞蛋糕

■ 駁二藝術特區內面對
高雄港的變形金剛

河西路有三代傳承的北港米糕

河西路

七賢二路

七賢三路

愛河

鹽埕區

壽星路

大公路

高雄市音樂館

歷史博物館

中正四路

河東路

壽星街有網紅的雞絲麵

瀨南街

鐵山二路

崛江商場內有虱目魚米粉、碗
粿、鴨肉麵等小吃店。

新樂街

巷弄內有餛飩麵排隊店

鹽埕埔站

二二八公園

建國四路

崛江商場

鹽埕街

大勇路

五福四路

K

哈瑪星鐵道文化園區

公園二路

駁二藝術特區

高雄港

報乎你哉

要到駁二,除了捷運橘線,到鹽埕埔站1號出口或西子灣
站2號出口,你也可以坐公車五福幹線。從衛武營、文化
中心、新崛江、城市光廊、真愛碼頭到鹽埕埔站,一次就
把高雄其他景點都參觀完了。當然囉,愛之船也是種選
擇,在國賓大飯店那裡登船,直接航行到駁二站,體驗海
港風光。另外,輕軌正積極興建到西子灣站,近期即將完
工與通車。屆時,便可沿著碼頭,將夢時代、世貿、台
鋁、圖書總館,直到哈瑪星鐵道文化園區,一覽無遺。

文化中心

山東來的燒餅油條

豪雨過境。將浮雲染成深灰，近乎墨色，黑壓壓地，低垂到人間。還不忘雷電交加，伴著澈底震撼的轟隆聲，「轟～轟～」，雨下的真的好大。

拂曉，天色仍暗，因為周末，外頭顯得冷清。我在「劈哩啪啦」的大雨暫歇時刻，外出辦事。到了九點多，全身無力，兩眼昏花。「食物！我需要熱騰騰的食物……」於是四下搜尋炊煙之處，此時亟須能量補充火力。但，雨水仍不間斷落下，路上原有的攤販亦不見蹤影，在雨中找吃的更不是件易事。我在林德官市場周圍繞了又繞，終於在朦朧雨中，見著一縷炊煙。我將機車往前騎，當下是間人聲吵雜、熱鬧紛紜的店面。

■ 高雄市文化中心演藝廳

　　燒餅油條。沒錯,正是這間店。但我前前後後多看了幾眼,路上還有其他同樣賣這類早餐的店,但就是沒有這等人潮。雨實在太大,只是如此雨勢仍攔阻不了這群早起的人們,讓我更加躍躍欲試。騎樓已停滿了機車,我將機車擱到對面路邊停車格,罩著亮黃雨衣在猛烈勁雨中跑過了馬路,挨著人群站著。眼鏡全是霧茫水珠,但顧不得一切,先排隊再說。

　　從地圖上看苓雅區的形狀,是一把綺麗造型的鑰匙,橫躺在高雄的中央。早期苓雅便集漁業、農業於一身,它是東西向四個舊部落的總稱——苓雅寮、過田仔、五塊厝、林德官。自東面鳳山、衛武營公園,由五個姓氏興建五間茅舍的「五塊厝」,橫向西行來到竹林場——竹仔竿,後人取其音為「林德官」,也是當今文化中心坐落之地。再筆直往西走進農業產地,那整片的田陌小徑,是「過田仔」。最後到了靠海的碼頭,那出海打魚的漁民賴以為生之處,「苓雅寮」的命名便源於此,苓仔魚網的寮舍。如今是海邊路,高雄港第 11-15 號渡輪碼頭,那如火如荼興建中的海洋文化與流行音樂中心。

　　國民政府來台後,在和平一路成立高雄女子師範學校,作為推廣南台灣教育體系之主力。至 80 年代,配合十二項建設在全台設置文化中心,

■ 文化中心雨景

■ 忙碌的燒餅油條早餐店

■ 藝術大道上的美術拼貼　　　　　■ 高雄師範大學在同慶路圍牆旁的步道

■ 以白色系為基調的文化中心
展演廳一隅

師範學校對面之高雄文化中心正式啟用。五福路至四維路中間的和平一路兩側，在學風與藝文風交互吹拂之下，遂形成美學、音樂、人文薈萃精髓地區，連同附近巷弄商店，皆充滿藝術氣息。

　　小學時代，父親便挑選苓雅區的巷子裡公寓作為我們第一個家。自巷子口走出來，通過凱旋公園，那裡匯集高雄三大主要幹道，中正路、凱旋路與五福路。走中正路可到六合夜市，凱旋路可到前鎮五甲外婆家，而走五福路，最開心了，通常都是要到文化中心、大統百貨，或是過愛河，到鹽埕區崛江商場，更甚至是要坐船，前往旗津。

　　文化中心距離當時我家那巷子公寓其實約只有 1 公里路程，所以每回要到這個大公園，都感到十足興奮。尤其有些免費的展演活動進行時，踏進至德堂、至善廳時，都讓我有種「富貴人家」的感覺。有時還會不自覺看看自己身上的衣

■ 文化中心藝術石雕

服或是腳上的鞋子，是否有污漬，總擔心不知夠不夠得體，深怕登不了大雅之堂。

　　文化中心西南邊，林南街、林德街、林泉街，有諸多細緻的咖啡廳、茶飲、簡餐或服飾店，是藝文朋友在展演前流連休息的去處。他們會在傍晚喝喝單品咖啡，配塊慕斯蛋糕，消磨一、兩個鐘頭的時光，以迎接晚上七點半準時開演的活動。側門，同慶街，過去是整排老舊平房，賣著各色外省小吃——燒餅、油條、饅頭、開口笑、炸雙胞胎等等，但現在已改建成大樓，取代的是頗具規模的異國餐廳料理。

　　我從小就很喜歡吃同慶街的燒餅油條，道地外省味，一點都不馬虎。穿著白色汗衫的老伯，微胖的身軀，有著一雙粗壯的大手，他會在工作檯後邊前前後後揉著麵糰，而腰間繫的那塊深藍色圍裙，總是沾滿了白色粉末。我常拿著一個銅板，買個大饅頭或開口笑，便走邊吃，再晃到這個「大公園」裡玩耍。吃著吃著，心中篤定大概只有左營舊城或鳳山地區能相提並論。後來同慶街改建，拆除了平房，燒餅油條店也關門大吉，或刊登遷移啟示。那童年的味道似乎也隨著一隻隻動工的挖土機，以及周邊綁起來的黃色施工布條而予以告別，心中其實多少有些惆悵與遺憾，像是段缺了角的美好回憶。

■ 學生們對著鏡子練著街舞

　　此時，我站在長龍陣列中，一步一步地往前走。大雨有減弱的趨勢，我褪下雨衣，擠進騎樓。由於搬到北高雄，港都的建設又全面性，文化中心不再是單

■ 文化中心內咖啡雅座

■ 通過文化中心大門，是一片綠意

■ 文化中心大門與藝術大道

■ 碧草如茵的綠地

一選項，但藝文表演、朋友聚餐，還是常落腳此地。只是關於吃燒餅油條這回事，多半已改往他地。如今這間店，倒是燃起我一些些希望，讓我再次渴望能吃到好味道。

　　熱油已成波浪狀。一名健壯厚實的年輕人，二十來歲。他隨手抓了些粉末，撒了點在麵糰上，搓揉一下，再將鬆弛好的麵糰拉長，兩條疊起，一會兒工夫便將麵糰滑入油鍋中。長筷，不知何時已握在手中，他攪動油鍋裡的麵糰，翻轉又翻轉，動作熟練到幾乎不用思考。這是第一個畫面，炸油條爐就置放在騎樓上，這年輕人想必是自幼養成，才能成為這口爐的掌門。

　　麵糰逐漸膨脹，油腴的金黃，在爐火滋滋微聲中一點點上色。另一名年輕人在旁候命，他的臉顯得更稚嫩些，正準備將做好的油條送到後邊工作台。

　　後邊是個髮白的老媽媽，她的身子看來仍硬朗。她應付所有點餐

的客人，大夥就是在她身旁排隊著。她將油條整齊地夾入燒餅裡，裝袋，遞給客人，找錢，手腳雖快，但絲毫不馬虎。

店門口，是另二組工作人員。其右是飲料組，負責豆漿、米漿與紅茶。那是名四十出頭的婦女，雖已屆中年但保養有方，仍看得出細緻秀氣的五官。她走到牆角，提起一大桶的豆漿，再到工作檯前，「淅瀝嘩啦」，一個大聲響，乳白豆漿如瀑布般卸下，頓時白煙衝上，一度將她的臉龐遮蓋。

「好，熱豆漿三杯，米漿一杯，馬上來。」她的聲音在白煙後悠悠地傳開。

左邊那組，看得出最靠近爐火的是領班，他們的工作主要是製作燒餅。領班年約三十多，擁有姣好身材，穿著無袖運動衫與短褲，再綁條紫紅色頭巾。她指揮後面二名婦女，自己則一面起勁揹著麵糰，一面注意那烤爐情形。圓柱形烤爐就在她身邊，上方整齊排列著一塊塊長方形的麵糰。

幾分鐘後，她停下擀麵棍，轉過身來坐到烤爐旁，左手控制火勢大小，右手不停地幫燒餅翻面。這時我才看到她在眼睛上方精心抹上的煙燻妝與濃密的假睫毛。與飲料組的女子一樣，她也有著迷人的臉蛋。我左望右看，心中有些疑問。在輪到我點餐時預備找機會發問。

「老闆娘，」我馬上猜到這位老媽媽正是老闆娘。「我要一份，不，我要外帶三份。」我數著手指頭，想著要帶走的份數。

「因為，我家有點遙遠。那……可以給我剛出爐的燒餅油條嗎？」我擠了擠眼，有點不好意思，吞吞吐吐地說著。

「當然沒問題啊。」老闆娘豪爽地回答。「那你可能要等一下喔。」

我愉快的點頭致意，隨口問，「做燒餅的是你的女兒嗎？」

「嘿呀！」老闆娘她抬起頭，看了一下正認真監控燒餅爐火的女子。

■ 燒餅一個個擀好捲起

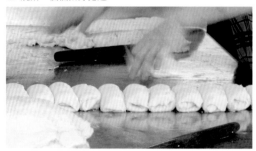

■ 剛出爐的燒餅油條

「這是我細漢查某仔。」說到自己孩子，老闆娘的聲音顯得感性柔和。「那邊是我大漢查某仔。」

「你的女兒長的好漂亮喔！」我果然猜的沒錯。她們是姊妹花，長的真像。「你有夠好命，查某仔攏轉來鬥幫忙。」

「呵呵呵！是啦！」老闆娘嗚著嘴不好意思笑著。「阿那邊炸油條ㄟ是我的孫啦。」

「連孫子攏來店鬥幫忙喔！」這大概可以說明為何那年輕人炸油條的身手如此矯捷。

「時機歹歹阿，人攏歹請。加減賺啦。」

「你太謙虛了。你看客人這麼多。」

「哈哈！感恩喔！靠你們這ㄟ人客捧場啦。」老闆娘笑眯眯的說。她眼角的魚尾紋泛開，露出慈祥。之後她走像烤爐，張開粗大的手指，接手女兒烘烤燒餅的工作。上一批出爐的燒餅已經賣光，此時她們正趕工製作新一批燒餅。

「其實，」老闆娘又開口，「我剛開始嘛不系做這個的。」

「這間樓阿厝是阮叨ㄟ。」她接著說，「卡早租給一個山東來的大兵賣早餐。他有很重的山東腔，有當時大家攏聽無他講甚米。不過大家攏真愛吃他做ㄟ燒餅，生意有夠好。」

「我到後來就厚伊請，幫伊賣早餐。」

「有一天，他來跟我說，他老阿。他想要退休，轉去大陸。」

「我就講，『毋通啦，你生意正好內。』他就問我，『那你要不要接？』」

燒餅組正
積極擀著麵皮

油鍋裡的油條需不斷翻轉

燒餅放到
爐內烘烤

■ 燒餅油條上桌了

　　「我想了想，就答應他接下來了。一做就做到現在，我ㄟ囝仔嘛是讀冊時就跟我做。所以她們今嘛攏比我卡行阿。」

　　「就是這樣啦。」說到這裡，燒餅出爐了。她不疾不徐地將燒餅一塊塊夾到鐵盤上。

　　「所以你們家的燒餅有濃濃的東北味。」後面的太太也跟著聽了一大段故事，「我來買了這麼多年，第一次聽到典故。」她繼續說著，「難怪很像小時候我家巷口的味道。」

　　「喔！對了。我是住眷村的。」她又笑著補充一句。

　　我拿著剛出爐的燒餅，夾著甫瀝乾的油條，迫不及待先咬上二口。老闆娘必定相當用心，那位山東老伯才願意傾囊相授，也才能得此真功夫。燒餅外皮淡淡的酥脆，餅皮厚度恰好，餅心依然保有濕氣。整口吃下，卡滋一聲，是清脆的薄皮；再卡滋一聲，門牙劃過空心的油條，它們一起在舌頭間交融、化開，我咀嚼著。吃到吸了飽足火力的麵粉香，厚實有嚼勁，還保有一定的溼度，芝麻味兒在齒間磨出，有神來一筆的絕妙。至於包覆在裡面的油條，剛好賦予燒餅一道油光，不僅強化了酥脆，更帶入另一股鮮炸的氣味。

　　那是份通透的功力。

　　我再度套上雨衣，準備當個限時專送的燒餅宅急便。

　　我得快點，趁熱呼呼的時候趕緊送到家人手中。

　　使命必達，出發！

　　幾秒鐘光景，車子已消失在濛濛雨中……

文化中心・山東來的燒餅油條

Kaohsiung Map

地理位置

文化中心位於中央公園與衛武營都會公園中間的園區。往南走凱旋路，為輕軌路線，可達夢時代與碼頭港區。其北面為科學工藝博物館，展出與科技教育相關的各類展覽，還能體驗科學新知的設施，園區並提供IMAX大型螢幕立體電影。

尚義街

市民藝術大道

自來水公園

文化中心藝術市集大道

光華一路

林甫街

■ 自來水公園之水塔

■ 科學工藝博物館

文化中心站

中正二路

五福公園

■ 文化中心公車站

BUS

凱旋二路

苓雅區

五福一路

文化中心藝術市集大道

高雄市文化中心

江都街

和平一路144巷

■ 文化中心側門
之同慶路

同慶路

和平一路

高雄師範大學
和平校區

市民藝術大道與自來水公園

文化中心的圍牆拆除後，開放式空間使視野更加寬
闊。環繞文化中心的人行步道規劃成市民藝術大
道。除了沿著步道的茂密樹木與綠意草皮，尚有風
之旗桿、藝術燈光座椅、馬賽克拼圖、鋼雕與石
鼓。在西側的自來水公園，是藝術家將廢棄已久的
自來水塔上色彩漆，配上周邊如彩虹般的自來水
管、LED地底燈，使生活與藝術再次緊密結合。

■ 看展覽，喝咖啡

林德街

林泉街

廣東一街

四維二路

林德官市場

■ 高雄師範大學藝術拼貼圍橋

林德官市場內外有許多小吃美食，
到文化中心可順道一遊。

自強新村與壽山

尚青的粿仔條與切仔料

KAOHSIUNG

　　天空，湛藍色的廣袤無垠，清澈到只容得下朵朵白雲。經過鼓山美術館靠近馬卡道路時，平交道「噹噹噹噹」的聲音響起。這區域早期是片菱角田，小時候父親常在這裡買整斤墨黑色的菱角給我，煮熟地，有蒸氣的，而且軟硬皆有。然後我會一口氣全部吃完，連睡覺時都做夢泛笑。

　　1994 年高美館設立，這裡成了高雄經年策展之處。這些年內惟文化園區建置完成，大型音樂會、假日街頭藝人演出，帶動美術館周遭發展，附近除了中華藝校、新建高樓林立，餐廳、咖啡店、超商等也順勢進駐。當鐵道柵欄一秒一秒放下，我靜候台鐵火車通過。甫新增西部幹線的普悠瑪號，在我面前「吭嚨吭嚨」輕快地揚長而去。柵欄升起，啟動機車，我往西直抵鼓山三路待轉區。

■ 在壽山忠烈祠旁眺望駁二特區
與鐵道文化園區

■ 自強新村內弧形圍牆　　　　　　　　　■ 矗立在壽山前的自強新村

　　鼓山路可說是高雄最西邊的主要幹道。它擋在終年墨綠的壽山前，往南可至鼓山高中、高雄圳、台泥鼓山廠，直達鹽埕區；往北則一路通往左營舊城啟文門。綠燈了，我騎著我的小綿羊往前。有點心不在焉。整排渺焉悠邈的古老社區出現在側，綿延連續，好似對我溫柔呼喚，以往總匆匆而過，但此次，心卻怦怦然。「這是哪裡呢？」我自忖。

　　忘了一籮筐的工作，停下車子。探索，終究是必然。我像《神隱少女》裡的千尋，在洞口卻步，仍不由自主向未知走去。

　　高聳的牌子豎立眼前，寫著「自強新村」。目光游移到房舍裡面，紅33號的公車正好轟隆轟隆從旁經過。我注意到了站牌，是內惟橋。轉動身子，我緩緩走進曲徑通幽的小巷。

　　當下，幾乎無人，寧靜如空城，只剩鳥兒啁啾咕咕啼叫聲。我放慢速度，望著屋簷老樹，指尖滑過沿路的紅磚矮牆，悠閒的散步原讓我輕鬆自在，但細看這牆上痕跡時，卻使我感到沉重。剝落的餘燼飛揚，彷彿對我哭訴，多年來它們所承受的、看見的、聽見的，那在戰爭轉換中的悲歡離合，血淚交織，全刻印在每個角落。我蹲下查看、聆聽，拿起背包裡相機，「喀嚓！喀嚓！」，按下快門。鏡頭下，綠葉紅門明顯對比，牆上斑駁清晰可見。我明白是歲月風霜，留下此等藝術創作結晶。站起，再邁開腳步。牆內房屋，看出多為槐、杉木結構，還配有魚鱗式灰黑色屋瓦。往前，獨特的弧形圍牆，貼覆著炮仗花瀑布花海，美得讓人駐足。

　　相似的圍牆，著上不同的色澤。在地球的彼端，某個城市裡也好似有著這樣的景觀，那是巴黎。在巴黎市區，這類弧型建築處處可見。有時一樓店面開間咖啡館，過去浪漫時代的作家們、當代藝術學院的文人雅士，就入座館外小圓桌。也許整個下午就喝著杯咖啡，或聚精會神地閱讀、或埋首振筆疾書地創作、或仰頭停頓，端看川流不息的人群。

　　回過神。已走到巷子底了。我突然意識，我正穿梭於兩個世界中，回頭，是文明的現代。前景則是穿著和服的婦女們，正跪坐在榻榻米的大廳，以日本茶道款待長官夫人，門口則擺盤小原流的插花。收音機正播放純純所唱的《雨夜花》以及由渡邊濱子翻唱的《雨の夜の花》。偶有插播最近新聞或是緊急戰事，太平洋戰爭特快報。

■ 自強新村裡日式房舍

■ 自強新村外紅磚步道

■ 自強新村的社區關懷站

　　畫面迅速翻閱，轉向台灣收復那幾年，穿著旗袍的婦女取代和服。沙沙的搓牌聲出現了，廚房裡則屢屢傳來做饅頭、小籠包以及煨煮牛肉的味道。又過了幾年，旗袍的年代也飄逝，老兵成了榮民，有的坐在家中休養，有的搬離這裡，有的先走一步。

　　似乎每戶都有這麼段悲恨歡笑交錯的過往故事。

　　1935 到 1937 年，自強新村是太平洋戰區東海營區之日本海軍士官宿舍，國民政府接收台灣後，成了軍眷的村落。而當新式樓房蓋起，它便演變成位在壽山與現代化建築中的一段傳統日式長廊。

　　當車子漸漸離開自強新村，頓時繁華熱鬧的商店，陸續出現在眼前。車子喇叭聲、人聲也沸騰起來。我好像離開了一個像「失落的地平線」中的祕境──香格里拉，那時光隧道傲然關閉，等候另一世紀有心人的再度叩門。

　　由鼓山三路往南走，往元亨寺方向，在萬壽路左轉上山，壽山已在當下。這段山路可藉由公車 56 號迂迴而上，參觀幾處著名景點。首先，可在情人觀景台站下車，步行 140 公尺就能抵達忠烈祠，這裡少不了絡繹的日本遊客，他們來這裡俯瞰高雄港，也看日治時代的遺跡。末站是壽山動物園，孩子知性與遊戲天地。公車在當中還會經過自然公園內之萬壽山橋站，那裡有 1993 年建造著名的二二八紀念碑，若是對歷史有興趣者，腳踏此地時，便能緬懷當年被要塞司令行刑的烈士，也能想像從此處兵分三路下山的軍隊，一是往建國三路走，二是向鼓山一路挺進，三是進入五福四路。

■ 壽山忠烈祠下大東亞戰爭紀念碑　　　　■ 壽山忠烈祠下民房之壁畫

　　在階梯上慢行，心是無比沉重。米白色的大理石立碑，雖簡潔，卻充滿無限遐思。從自強新村，一路走來，攀上壽山公園，這裡有許多高雄魂的吶喊與低吟，但在 2017 年的如今，無論是誰的後裔，我們共同耕耘這塊土地，也共享這裡美好的果實。族群融合、愛與接納、和平共處應早已成了所有高雄人的共識。

　　離開壽山，肚子立刻大喊抗議。走了好遠，也餓太久了，大腦指揮官趕緊下令去找吃的。馬路邊有幾間切仔料，其中有攤小店座無虛席。幾年前它原本開在狹小的市場裡，地面因混亂而讓人困擾，近來土地徵收促使老闆夫婦將攤位遷移至此，店面成了乾淨明亮，客群自然也有了套裝上班族。

　　才坐定，後頭立刻來了一群人，哎呀聲不斷，他們只能再等等，這使我心中自是得意了得。「嘿嘿！先來先贏！」人總是偶爾會有無聊的心態，為了丁點小事而自鳴得意，其實認真想來，真不知有什麼好沾沾自喜。不過，能提早一步，至少不用站著枯等，看別人狼吞虎嚥，自己在旁

■ 壽山古步道

■ 老闆娘準備出菜

猛吞口水吧。不久，米粉炒和肉燥飯，端上餐桌，新鮮豆芽菜，淋上肥滋滋的豐腴肉燥，讓人想大快朵頤。

粿仔條也上菜。這是我的首選。許多麵攤雖也販賣粿條，但並非純米，仍摻雜其他添加物，故吃來硬度較高，純米製成之粿條乃屬上品，柔軟且細嫩。高雄美濃便以粿條聞名，只是改了稱呼，叫粄條。那兒的現炒粄條、粄條湯都很熱銷，我在高雄各區吃了許多粄條，雖口味、烹飪技巧都一流，但想來份純米粄條，不是件易事，眼下就一間，實屬難能可貴。

湯類，以現煮切仔料為主，並有魚羹、肉羹。切仔料乾溼二吃，任君選擇。如韮菜綜合湯（大腸小腸加豬血）、菜頭湯、肉骨湯、酸菜豬肚湯、蔥油酥肝連湯（隔間肉）及虱目魚丸湯。

「老闆娘，請問你們做多久了？」見老闆自煮湯、放麵條，像自動

■ 大腸豬血湯加上韭菜酸菜用以提味

■ 所有的料理食材都已預備妥當　　　■ 肝連肉切成超大塊

化控制般熟練，我轉頭探探老闆娘。

「有 50 年囉！你看我們都做到老了，從我公公婆婆開始，後來我與先生接起來做。」老闆娘負責切料、裝盤。她拿把菜刀切著小菜，眼神很快地看我一眼。

店面，雖不醒目，但夫妻穿著制服，得知他們對工作之敬業。清早六點開門，他們得比大家都早起備料，以迎接許多上早班或剛做完大夜班餓扁肚子的客人。

料多、新鮮、味美、價格公道，全是生意興隆主因，連拿來拌麵的油蔥酥都香氣洋溢。老闆端出整鍋自己用豬油爆炒的油蔥酥，提到文火細爆，油鍋裡「吱吱吱」輕響的過程，光是聽來就令人垂涎。

湯裡的肝連是不手軟的整塊，並非細長薄片。我舀起來，湯匙裡的肝連肉油亮晃動，配上翠綠的韭菜與細絲酸菜，真是絕配呀！除此，豬肚、大腸、菜頭亦同。就整口咬下去吧，顧不得秀氣淑女，你得啟動大臼齒奮力咀嚼，再大力爽快地吞下，然後你會深深嘆一口氣，肉汁真是甜美

■ 湯頭足，肉塊又豐滿，是人潮擁擠的最大因素

呀。再喝口熱滾的清湯，薑絲的氣味提升了味覺的感受。一大早就吃得如此豐盛，不知會不會太對不起別人，趕緊看看價目。呼！還好，因為這幾碗湯價錢合理，你絕對不會過意不去。它與街頭早餐店的漢堡差不多費用，一碗就四枚拾圓硬幣。

　　本來只點一份，但意猶未盡，湯頭十足誘惑，正懊惱該不該克制。此時老闆娘說著，「這湯，學問大了。我可是用豬大骨徹夜熬煮出來的呢。」太過分了，豈不知我正努力壓抑嗎？聽著聽著，不管了，再點一碗。最後，總共喝了三大碗公的湯。連老闆都還跟我一再確認，

　　「在這裡喝？確定不帶走嗎？」

　　真想拜託老闆別問了，讓我多難為情阿。正想開口，店裡的廣播，卻傳來一首聽眾朋友點唱歌曲。曲目似曾相識，我豎耳傾聽。

> 雨夜花，雨夜花，受風雨吹落地，
> 無人看見，每日怨嗟，花謝落土不再回。
> 花落土，花落土，有誰人倘看顧，
> 無情風雨，誤阮前途，花蕊哪落欲如何。
> 雨無情，雨無情，無想阮的前程，
> 並無看顧，軟弱心性，乎阮前途失光明。
> 雨水滴，雨水滴，引阮入受難池，
> 怎樣乎阮，離葉離枝，永遠無人倘看見。

　　是雨夜花呢！怎麼如此剛好，我想著那飛越自強新村到二二八壽山上的愛恨憐恤。

　　哎呀！這時才想起，那早上擬定的一籮筐工作。

自強新村與萬壽山‧尚青的
粿仔條與切仔料

Kaohsiung Map

■ 壽山上貼滿磁磚的長椅

■ 自強新村內房舍

高雄美術館

自強新村位於壽山腳下，東側過了
馬卡道路，為高雄市美術館。清代
時為載運原木的埤塘，也用以灌
溉，附近已多有菱角田。直到1994
年，設立高美館，並於周邊建置內
惟埤文化園區，2005年並增設兒童
美術館。自此，美術館附近遂成為
高檔的文藝生活圈。

■ 階梯上的忠烈祠

自強新村

■ 撒上香菜的粿仔條
配上滷蛋，真是絕配

■ 美術館旁放學的學生

九如四路

內惟埤文化園區

美術東二路

中華一路

馬卡道路

高雄美術館

■ 高雄市美術館步道

■ 小肚也是大塊

青海路

環河街

鼓山區

翠華路

龍水二路

中都愛河溼地公園

美都路

十全三路

九如大橋

九如二路

鼓山二路

河西一路

同盟三路

鼓山火車站

高雄市壽山動物園

萬壽路

壽山動物園

壽山動物園始於1978年，其前身是西子灣動物園，目前為壽山上最受歡迎的景點之一。2010年，紓解台北動物園繁殖過盛物種，移交數種動物，造成遊園人數之突破。2011年，再引進中國的白老虎，更具教育意義。目前要參觀動物園，可搭56號專線公車，於高雄火車站或捷運鹽埕埔站皆可上車前往。

下淡水溪舊鐵橋溼地公園

加 料 的 鹹 肉 湯 圓

KAOHSIUNG

　　大樹，是高雄人這幾年的驚喜。

　　古厝、老欉、紅屋瓦、舊味道，在時光封印中被大樹人代代保存著。

　　每回到大樹，我最愛在巷弄中窺探每間抹上歷史淡妝的老房子，數算磚瓦上每處具有文化意義的痕跡，完了續到舊鐵橋公園，做個都市人的回歸洗禮，澈底放鬆體內枝微細胞。然後細聞那空中約略潮濕、混合青草味與燒窯味的迷人氣息。

　　從高雄到大樹，須穿越仁武區、鳥松區，往下淡水溪方向走。下淡水溪，其實就是當今的高屏溪。

　　但若要從市中心到舊鐵橋溼地公園，有幾種方法。

　　開車來說，可由國道 3 接國道 10，再接台 21 線。但若是機車族，走本館路、球場路，繞過澄清湖，接市道 183 乙，進入鳥松區。再轉往水管路、瓦厝路，便得抵達公園。

■　下淡水溪的淡藍色舊鐵橋

■ 三合瓦窯外的公車站牌

　　最環保的作法莫過於透過大眾運輸工具。假如繞道至鳳山舊城旅遊者，可由鳳山火車站，搭乘公車橘7A，也可由捷運大東站，乘坐公車橘7B，便可直達目的地。倘若從高鐵左營站直接到大樹，那麼只須轉坐台鐵到九曲堂車站，步行1.5公里即可。或者，自九曲堂車站轉搭公車橘7，只要二個停靠站，舊鐵橋溼地公園隨即就在眼前。

　　身為高雄人，說來還挺汗顏。閱讀官方資料才得知，日治時代為了運送米、糖等物資，於是規劃高雄港橫渡高屏溪到屏東的鐵路。1911年，這座下淡水溪鐵橋是由日本工程師飯田豐二督造，直到1987年，高屏新鐵橋完成，舊鐵橋方才除役。1991年，鑑於鐵橋古蹟意義，及周遭環境之開發，遂建設此占地114.5公頃的濕地公園。

　　前往探訪前，連日豪雨不斷。連續一週颱風氣流，讓我心情顯得相當糟糕，懊惱無法如期成行。所幸，攝影出發日早晨，雨停了。雖然陽光仍躲在暗處，但只要雨水不發旺，就有機會順利完工。我和好友M相約造訪，騎著山陽125，早早便從高雄市區出發。

■ 九曲堂步道直行便抵達台鐵站

■ 下淡水河宛若瓦窯的護城河

■ 舊式洋房二樓

■ 殘損的女兒牆花雕

■ 大樹地區的傳統房舍

　　機車進入大樹區，空氣中漸漸呈現慢活氛圍。比鄰而建的古老三合院，寬闊的埕間晾起幾件簡單的衣物，磚牆旁放滿了扁柏、青松與九重葛盆栽，營造出森林浴的蓊鬱幻覺，矮叢中並停靠一輛生鏽的黑色腳踏車。往前行，是早期日式樓房，零零落落，都補滿了歲月刻痕。有間老屋二樓的迷你陽台，被鏤空的鐵欄杆包覆，深度大約只有一米。置中的小門緊閉，門上的對聯寫著，「風調雨順五穀豐盈，英姿丰采壯志凌雲。」雖已然褪色，但模糊中仍可嗅出當年繁華意味。若說這些老舊街屋風華盡退、建材剝落，那麼包裹在外唯一現代化思維的，是防颱用的鐵皮裝置藝術。

　　後來投入興建的建設公司透天房，占了大宗。面對年久失修的房舍，拆除改建的居多。身邊有些同事，就置產大樹區，每天通勤到市中心上班。對他們而言，即使通勤很辛苦，但這裡飄著古樸的文風，生活步調得

以放慢暫歇。假日時，他們能脫掉西裝皮鞋，一席汗衫，赤腳踩在田裡，他們要的，也不過如此，是生命與自然的結合。農忙時，整片鳳梨田，滿山荔枝園，還有圍繞期間的各式果樹，在鄰舍的呼喚下，甚至能參與採收。大夥雖無搖旗擊鼓，但也喧喧擾擾、熱熱鬧鬧的，一群人浩浩蕩蕩前去果園，然後有說有笑地親手將果實割下放在籃子裡。午休時分，再一起並肩坐在樹下，讓飢腸轆轆的肚子，飽食一頓美味又大份量的鄉村便當。

那是一種滿足，平時略帶慵懶。但真正忙起來，卻是滿身大汗，附帶的是沾滿手腳上那褐黑色混雜著幾根綠草的有機泥土。

機車經過了大樹公有市場、九曲堂公有市場，各種蔬菜水果擦身而過，路邊攤的碗粿、肉圓、麵線糊標示著價錢，停在學校邊、寺廟旁。到了竹寮路，舊鐵橋已逐漸出現眼前，淡藍色、一個接一個的高聳鐵橋，傲人地懸掛在空中。如今，你能爬上天空步道，等候火車從你身旁呼嘯而

■ 舊鐵橋溼地的三和瓦窯

過，遠眺整個綠意盎然的溼地公園，並觀看在草地上戲耍的人們。一切，彷彿漫步在雲端，當靜下心思，欣賞落日餘暉時，你能發掘大樹的美，完全不輸紐約布魯克林大橋。假日時，這會兒放風箏的孩子、踢球的青少年、野餐的家庭聚會，全都湧進，比比皆是。公園與三合瓦窯相連，除了可以參觀舊時期的磚瓦，也常有樂團在此精彩演出，若提早預約，教育園區還有專人教導大家如何 DIY，將磚瓦變成文創個性商品。

成群的白鷺鷥，在此處棲息。牠們或飛翔、或覓食、或展翅上揚、或悠閒漫步。

結束了溼地公園的拍攝，我和 M 找尋午餐的蹤跡。九曲堂車站前就有幾間當地小吃，觀光客多半從那兒果腹，但我們再決定往前探探，於是在附近一間老厝，看到某小攤，被一群老人圍繞。白煙從人群中，緩緩飄出，再走近，伴隨著炊煙，有著誘人高湯的滋味。我們停下機車，在旁觀察片刻。

「你來呀喔！」老人 A 在攤前候著，轉身看到熟悉的臉孔。

「嘿呀！你今仔日嘛來這買喔。」老人 B 抬頭看到 A，笑著打招呼。之後這二位老人就站在一起，交頭接耳聊起天來。

「身體檢查按怎？」

「還好啦！馬馬虎虎，老阿嘛，我今嘛透早攏去行路運動……」

攤位旁，有個招牌寫著鹹肉湯圓，連黑色的墨跡都快看不清。掌廚

■ 大樹舊鐵橋溼地到了

■ 各式各樣的陶瓦

■ 黃色湯圓是以地瓜泥作元素而製成

■ 大樹鄉鎮路旁小吃

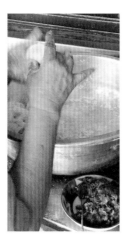

■ 老闆娘正包著大湯圓

的是位老太太，年近七十，穿著朱紅色、充滿喜氣的上衣。她將一盤盤剛包好的湯圓擱在旁，數著顆數，「張小姐 6 顆，吳先生 7 顆，阿桃各 3 顆二包，要卡多蒜泥的……」

「頭家娘，我這嘛愛二碗，五粒五粒放，佇這吃。」M 忍不住了，向我使個眼色便開口說。

老太太看了看我們，「好，恁先坐喔。」站在攤前的阿桑本來與她聊著天，打量了我們一會兒，便說，「他們親像第一次來，我的先厚他們啦。」

「無要緊、無要緊，這煮勁快。」老太太答話。之後他們繼續剛剛被打斷的話題。我與 M 坐定了，才聽清他們的對話。

「風颱這次來，你的厝愛修理某？」阿桑問著。

「當然嘛愛阿！攏找無時間去訂磚仔。阮後生講，這個拜六會轉來厝幫我修理。叫我麥操煩啦。」老太太越說越愉快。

「阮老北阿，卡早ㄟ時，攏去竹仔寮磚仔窯叫牛車載磚仔角來，我細漢攏嘛趁機會拉牛尾，結果攏厚大人罵。」她說著說著，便哈哈大笑起來。

「卡早攏是按內。我擱有坐過牛車勒。做囝仔時無甚米當玩，攏感覺坐牛車就趣味。這今嘛肖年人不懂啦。」阿桑也憶起年少時光。

人們繼續前來，外帶居多。老太太抽空轉身快手地包幾顆湯圓。她從大臉盆裡的米糰撥下一小搓，手指頭抖動地轉圈，玩弄著米糰，捏著捏著將之壓平，再從碗裡的餡料，舀下一小匙，包裹進米皮裡，再整形，捏成一大顆水餃狀。

「來呀，來呀！歹勢啦，厚恁等……」老太太端來二碗，熱氣上騰的湯圓。

「哇塞！這麼大粒，像拳頭這麼大呢。」我驚呼，喃喃自語。

■ 晶瑩剔透的外皮

　　老太太聽著了，有點竊喜，又滿有自信，「我賣圓仔二十多年了，這攏是純糯米做ㄟ，攏不偷工減料。」隨後她話鋒一轉，說起過往經歷，「我從細漢囝仔，就去田裡倒作息。因為腳手慢，賺抹戶吃，厚人罵『撿角』。我就不甘願，一直打拚，到十七、八歲時，總算會當去工廠做女工。哪ㄟ知，儉腸捏肚的錢攔厚人倒會呀，全部去了了阿。恁敢知影我是吃多少苦、留多少目屎，卡走到今仔日？」語畢。沉寂了一陣子，她拿出自製名片，接著說，「來，恁看恁看，這是阮後生拍的相片。圓仔整粒對中剖開，都是餡。」。

　　「真的耶⋯⋯」我看著晶瑩剔透的湯圓，照老太太所言，從中切開，飽滿的肉餡，夾著深綠色青蔥，掉了出來。我趕緊一口吃下，肉汁差點接不住，從嘴巴流出來。湯裡的有芹菜、結球白菜、蔥花，還有些油蔥，老太太說那些都是由她親手製作，不假他人之手。舀起湯啜飲，倏然發現她在我們碗裡悄悄放進幾塊肉骨。「哇，還加料呢！」欲開口道謝時，只見她眉毛輕輕對我們挑起，上揚了好一會兒。

　　懂了，原來這是特別給我們的禮物。我們笑著向她點頭致意，想著數十年前在她們家停留的牛車。滿滿的紅磚被牛車載來家門口，一家人忙著卸下磚頭，小小老太太光著腳丫，跑去水牛後頭。突然，瞬間，「哞～」一大聲響，水牛大聲哀嚎踱步，牛車震動亟欲傾倒，「阿娘喂呀，夭壽囝仔喔。」這下子，可真急壞了一大群人呀⋯⋯

大樹人的鹹肉湯圓
從早時九點到中晝一點
配合星期一不賣豬肉，故公休
賣完就沒有了，要吃得趁早。

■ 撥開清楚看到包了青蔥的豬絞肉

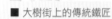

■ 大樹街上的傳統鐵匠

■ 大樹鄉鎮路旁小餐館

大樹濕地公園

舊鐵橋濕地教育園區

九曲堂公有市場

九曲堂車站

建村路

新鎮路

九曲路

旗甲公路

高屏溪

舊鐵橋濕地公園

溼地公園由來

1991年為使河岸生態復育而興建人工溼地，利用溼地內植物與微生物進行淨水作用。爾後針對高灘地美化，覆以植被，結合舊鐵橋規劃成親子休憩溼地公園。1997年，舊鐵橋溼地公園被列為國家二級古蹟，是台灣目前唯一被列為二級古蹟的鐵道用橋。

■ 內餡像極了獅子頭，味道極鮮

下淡水溪舊鐵橋濕地公園
加料的鹹肉湯圓

大樹區

Kaohsiung Map

■ 提供傳統窯燒方式之瓦窯

■ 假日的咖啡時間

九曲堂

說到大樹，就會聯想到九曲堂。這裡的台鐵車站，是過去台灣糖業鐵路旗尾線的起點。周邊的房舍多屬於早期平房，從這裡步行500公尺可到飯田豐二紀念碑，步行1.3公里即可到達舊鐵橋溼地公園。值得一提的是，距車站350公尺處的九曲堂市場，是年代相當久遠的公有市場。裡面有些當地小吃，如粄條、海產粥等，還能採買手工鳳梨醬等物產，有空不妨逛逛。

■ 遠望舊鐵橋

旗津半島

古早味的燒酒螺與烤小卷

KAOHSIUNG

乘坐飛機返回台灣。當機長廣播，即將抵達小港機場，現在高度如何，天氣怎樣，高雄地面溫度又是幾度時，我總愛望著機翼旁的窗戶，看著這塊孕育我成長茁壯的大地。若看得透徹，還能看到西方近海的狹長沙洲，孤零零地懸掛在黑水溝上。長久以來，她隔著高雄港與鼓山、鹽埕、前鎮、小港相望，宛如遺世孤獨的才女，遙遙凝視她終生守護的情人。

三、四百年前，因高屏溪的拓墾開發，造成泥沙的淤積，旗津遂形成半島。清雍正年間，荷蘭傳教士編纂台灣地圖時，稱旗后為 Handelaars，荷蘭文為「經銷商；商人」的意思，旗津商業貿易之興盛，由此可見一斑。歐洲人因英艦 Saracen 號到此地進行測量，因而稱旗后半島為 Saracen Head。在維基百科尚有段紀載，在英國伯明罕 Kings Norton 此區，就有稱為 Saracen Head 的中世紀晚期的建築。

■ 俯瞰旗津海水浴場

　　旗津，總長 11 公里，寬則約只有 200
米。她有個更浪漫的名字：旗后。小時候，父
親常帶我們去那裏的海邊。現在，我帶孩子
去。也許以後，孩子已會帶他的小孩去。像
《記憶傳承人》，將特有記憶傳給受揀選的後
代，得以保留思想與文化的走向。我不知道為
何如此鍾愛這片海洋，但我卻明白，當我站在
這塊土地，真實的衝擊是釋放與自由。那種感
覺好比斷了線，不想歸回的風箏，只願任意翱
翔在碧海藍天。若有閒暇，得以在旗津待久
些，傍晚時分是我心中最美時刻。遠遠眺望夕
照下金色耀眼的船隻，逐漸消逝在地平線上。
我常凝望出神，以為自己是尼莫船長，乘著鸚
鵡號乘風破浪去，航行《海底兩萬里》，卻壓
根忘了雙腳還踩在滾滾黑沙上。

　　高雄捷運橘線通車後，到旗津簡易多了。
自西子灣站 2 號出口，往麗雄街方向，步行
550 公尺，是鼓山渡輪站。從那裏乘坐旗鼓渡
輪航線，成人票價要新台幣四十元（2017 年調
整票價囉），約十分鐘航程，即可抵達旗津。

　　風和日麗的午後，眷戀海風的味道。大
船進港時，像低音號的鳴響聲，拉的長音六拍

▶　停靠漁港的船隻
▼　在燈塔上看到的高雄港

■ 停靠漁港的船隻

■ 旗津渡輪正載著遊客往來鼓山與旗津之間

的「嗚──」，音波連動，市區的我們都聽得見。孩子會豎起耳朵，叫著，「媽，是船！」沒錯，船的呼喚聲低沉而嘹亮，這會兒倒是響到心坎兒裡。我霎時有份衝動，想起《來自紅花坂》的女孩松崎海，在橫濱的海邊，為父親、而後學長風間俊昇起旗幟，我也想到海邊為航行的船隻祝福。轉頭望向孩子，「走吧！下午媽媽帶你去坐船。」之後是一陣「耶！耶！」雷聲震耳的歡呼聲。

■　船要開了……

　　到鼓山渡輪站，已貼近傍晚。近年市府在港口腹地投予無數建設，如今，此處嗅的到新式建築、翻修古蹟與現代規劃，而傳統渡輪船也依舊上陣載運往來旅客。我們在人潮裡排隊候了幾分，渡船不久便抵達。隨著眾人，我們登船，爬上陡峻窄小的台階。船上分為二層夾板，下層是機車與騎士，上層則提供座位供遊客使用。

　　海風輕拂，軍艦、貨輪、私人遊艇、港

■　旗津輪渡站

■　從燈塔旁洞口眺望出去，遠方柴山下是中山大學

務局交通船、各式值勤船隻擦肩而過，旗津渡輪站已在當下。當工作人員
將纜繩拴緊岸邊時，機車族已發動引擎，「昂——」先走一步。我們踏出
渡輪，印入眼簾的是島上三輪車，這個擺盪在中國與台灣早期的運輸產
物，至今在此地仍完整保留。那是繞行旗津半島的方法之一，你可以想像
自己是徐志摩或張愛玲，等著參加下一場學術研究。但其實搭乘大眾運輸
更能體驗當地居民生活。公車紅9線，從前鎮站過海底隧道，直行到旗津
渡輪站，而且只需新台幣24元。當然，若有機車，直接跟著渡輪過來更
便捷。若不想走遠，旗津最熱鬧的老街就在渡輪站前。穿越這條街，就得
以觀賞古蹟。老街到底是旗津海水浴場。從海水浴場往北，是星空隧道與
旗后砲台。往南延伸，則為海岸公園、風車公園。

　　母子這會兒在路上閒逛，瀏覽著這個小鎮，也走進這裡的歷史風華
——通山巷、第一所打狗公學校、旗後教會……在我又犯了神遊的老毛病
時，孩子總是那位帶我回到現實的天使。他看見海水浴場，立即清楚表達

他的需求，拉著我的手直奔寬廣的沙灘。

　　從老街開始，到海水浴場一路上皆是美食小吃。黑輪湯、赤肉羹、經典的醬油番茄、叭噗冰、彈珠汽水、紅茶冰、烏魚子，還有巷子裡的炒飯、湯麵等等。海鮮餐廳也常顧客滿堂，你可以聽到店家常有工作人員勤奮地在道路二旁招攬客人上門，「人客進來坐喔！」連店門口擺的海鮮，也充滿活力，似乎與遊客猛招手。除了這些，烤小卷是學生時代每逢到旗津時，玩鬧之餘，同學間必嘗的點心，自然我首要與孩子分享。老街的烤小卷是熱門菜，販售的攤販很多。我挑選間大排長龍的小攤，聽說網路風評極佳。小卷的價錢依大小來區分，有三隻百元，亦有兩隻百元。店老闆幫我稍加挑選，「這兩支卡厚，你吃了絕對抹失望。」接著他挑著眉毛看

■　旗津黑沙海岸的戲沙少年

■ 前往旗津燈塔的巷弄

著我，充滿自信的點點頭。只見炭火早已燒到
紅通通，老闆將新鮮小卷至中剪開，兩面反覆
碳烤，刷上蠔油烤肉醬汁，使之調味，再灑上
胡椒粉、辣椒粉與白芝麻，裝袋，交給我。孩
子本來仍遲疑，看我咬下去的表情，趕緊對我
說，「媽！我也要。給我！給我啦！」

　　做法雖然簡單，但在海味濃郁的小鎮，整
尾小卷豪爽地吃來，自是風情萬種，吮指回味。

　　除了小卷，燒酒螺也是少見點心。以前
老認為燒酒螺就是燒酒加不知名的小螺，後來
研讀資料才明白，燒酒螺原本就是那海蜷的俗
名，牠又名鐵針螺。這是份在風景區、海邊、
夜市才有的傳統零食。60、70 年代的電影
院，常見燒酒螺，偶爾街坊，也會有他們兜售
叫賣的蹤跡。那聲音會由遠至近，「燒酒螺。
好吃的燒酒螺來呀啦……」

■ 沙雕藝術節之展覽作品

■ 海水浴場內乘風戲水的人們

■ 超大隻小卷

■ 肉身飽滿的小卷令人食指大動

　　一般燒酒螺做法，會用蒜頭、辣椒、米酒來拌炒，醬汁的調配最為
重要，螺肉得全然吸進湯汁，才能遮蓋其腥味。燒酒螺因為需要長時間醃
製與熟成，故一般看到的攤販，並不會在攤上現做，都是冰鎮好，再依辣
味一盤一盤擺好。若是幾位好友，也許來份燒酒螺，配瓶啤酒、可樂，就
坐在海岸邊，邊看海浪邊聊天，海風輕拂，相信絕不會輸給印尼峇里島或
泰國普吉島。我在街上也買了份燒酒螺，大辣的。沿街就這樣吸著吸著，
嘴唇都辣到紅腫，手指也盡是濃濃的海蜷味。

　　回到旗津渡輪站，該是告別之時。旗津雖近高雄市區，但每次來都
捨不得説再見。夕陽來的遲，但美艷多彩、牽引人心。從這角度看高雄
港，不知所見是否與當年奶奶相同。年輕的她，穿著鑲金蔥的紅色旗袍，
身材玲瓏標緻，挽著爺爺的手，要到台灣見公婆。既忐忑又期盼的心情，
懷抱著在另一塊土地展開新人生的開始。當她看到曲折有型的海岸線，詩
意情懷的落日餘暉，應該也感動莫名吧。只是或許她也意想不到，當再次

跨越台灣海峽回到故鄉，已是褪去青春年華，化身為佝僂老奶奶了。

　　旗津的由來，也許早被年輕一代遺忘。不過自清朝以來的事蹟脈絡，卻深刻記載在高雄的文史中。當你攤開來細讀，將會發現，那隱藏在故事裡的是台灣與日本、歐洲交融的思想精神。而包裹在精神內的則是所有旗津人奮鬥的靈魂。多年後的今天，黑水溝海浪依舊，那不滅的海洋靈魂也仍然充斥在空氣之中，飄揚著一股清新的浪潮。於是，當我們踏上旗津，呼吸到這兒的空氣，也能感染到自由、活絡、不受拘束與全然奔放。

■　不同辣度的燒酒螺

■　滿滿回憶的燒酒螺

■　在船上可遙望高雄八五大樓

旗津半島・古早味的燒酒螺與烤小卷 **旗津區**

Kaohsiung Map

旗後燈塔

旗津最熱鬧的廟前街，海產與小吃琳瑯滿目，小卷燒烤、燒酒螺樣樣有。

國立高雄海洋科技大學

廟立前路

廟前路

旗後教會

中洲三路

勞動女性紀念公園

星空隧道

旗津三路

旗後砲台

旗津海水浴場

旗津貝殼博物館

■ 旗後砲台居高臨下，風景盡收眼底

旗津風車公園

旗后燈塔與旗後砲台

旗后燈塔位於旗后山上，又名高雄燈塔，興建於光緒年間，由英國技師所建造。塔內儀器皆取自英國。目前劃為三級古蹟。自旗津輪渡站步行約300公尺即可抵達。旗後砲台於清康熙年間設置，用以加強海防，現為二級古蹟。

人力車與三輪車

台灣的人力車由日本引進，又名黃包車，由車伕在前面拉行。二次大戰結束後，改為三輪車。目前為觀光使用，在旗津輪渡站附近常有三輪車出租，能體驗台灣早期社會生活。由輪渡站出發，能騎往旗後山，再沿著旗津三路，至旗津海水浴場、海岸公園、貝殼博物館、海洋探索館，以致旗津風車公園。目前在中國以至東南亞地區鄉間仍可常見為人民代步的三輪車。

旗津中洲—前鎮

陽明高雄海洋探索館

上竹里漁港

中洲渡輪站

過港隧道

北汕巷

南汕巷

中洲二路

上竹巷

高雄中洲郵局

中洲二路

旗津一路

高雄港122號碼頭管制站

旗津二路

義竹街

瑞竹街

中洲國小

中洲一路

廣澤街

旗津一路

旗津六號公園

■ 早期以人力踩踏的三輪車，現有四輪電動車供觀光用

■ 油炸酥脆的各式海鮮與蚵嗲

■ 旗津賣魚攤販

鳳鼻頭與紅毛港

市 場 的 米 糕 與 四 神 湯

KAOHSIUNG

　　溫度持續發燒，在晚秋的高雄。氣候異常到讓人不知所措，我脫掉晨間套上的針織衫，兩條手臂頓時獲得解放，清涼襲來。

　　公車行至小港轉運站。我換了車。

　　從市區來到大林蒲，風景逐漸轉變。我進入了這個擔負全台灣石化大業的心臟地帶。紅白相間的煙囪四處林立，巨大石化廠傲然聳立，廠內爐火狂野的燒著，一陣又一陣，乍看下如靉靆白雲，好似幻影，飄進了天空。煙囪下的民房，顯得嬌小無助。

　　公車上只剩我一人。不久，鳳鼻頭漁港站出現在略顯荒涼的路邊。因為時間還早，公車司機在此停等。我離開座椅，起身戴上帽子，正走近下車門時，司機大哥與我聊了起來。

■ 漁港裡有提供前往小琉球船班

■ 老樹與紅毛港聚落建築

「你不是這ㄟ人喔？！」

「除非是放假，平時坐這班車攏是在地人。我看妳不像住佇這ㄟ人，你是來這七逃？」司機大哥看了看我，問了起來。

「七逃喔？」我苦思了一會兒，想想該如何回答。「我從沒來過這裡，今天剛好有空檔，就跑過來了。」

「按內喔，阿你甘有聞到不同的味。」

「甚米味？魚仔味嗎？」我往門外用力吸了幾口氣。

「哈哈哈！」司機先生大笑了幾聲。「紅毛港已經遷村了，最近這沿海六里也要遷村。」

說著說著，他將身子往後仰，深深嘆口氣。「其實這裡的人很多都搬到外地工作了，剩下的都是對這裡最有感情的人。尤其是老會阿。」此時他看了眼窗外，「這裡有幾個常坐我的車去小港醫院看病，坐到最後都像老朋友了。他們常對我說，『空氣變穤阿。大家攏有夠思念早時的漁港，有夠嬌，攏就熱鬧，空氣嘛好。養蝦子、捕烏魚，厝邊頭尾大家攏來湊幫忙。』」聊到這裡，司機先生有點語重心長。

「那這裡的工廠有對當地居民做什麼補償嗎？」這幾年，我看了很多這類報導，對此地居民心情也略知一二。

「說真正，他們每年都有補償品。像米啦、油啦等等日用品都有的。不過，你嘛知，工廠嘛不是喊走就ㄟ當走，這ㄟ空氣嘛不是講變好就ㄟ當變好。今嘛大家攏希望遷村，ㄟ當有卡好的生活品質。」

我點了頭，無言以對。話題，在惆悵與無奈中結束。司機大哥得準時出發，往下一站去，我下了車，向他揮別。往漁港的方向走，那段談話猶在耳際，我走著走著，這才發現路上幾乎空無一人。

「原來……」，我看了眼手錶上指針。「上學上班的、就醫的，都走了。漁民應該也都回家了。」但無妨，我依舊繼續我的行程。

遠方煙囪排出的飛灰滿滿覆蓋此地，我的視線朦朧。

空氣中少了秋天清新的氣息，港邊特有的鹹腥味終於在混濁氣味中浮現。

■ 漁港內舢舨

小港區紅毛港、到林園區大林蒲，南向往鳳鼻頭，皆曾在歷史上占有璀璨的一頁。據史書推測，十七世紀荷蘭人船隻應於大林蒲與紅毛港埔頭仔間潮流口進出活動，故以洋人髮色得名為紅毛港。清朝時，鳳山縣以「頂沖下蒲」聞名，「沖」即右昌，「蒲」為大林蒲，當時此地不乏仕紳與駐官，繁華一時。直到民國年間，這裡仍維持蝦苗養殖與討海捕烏魚的傳統漁村聚落，民國 50 年代，紅毛港之烏魚捕獲量甚至為全台之冠，外海四處可見討海人的竹筏。1967年，臨海工業區預定在這兒落腳，高雄自此創造了輝煌的石化成績，但紅毛港卻因而展開禁建 40 年的命運，大林蒲與鳳鼻頭也告別了往日椰林迷人海岸。2013 年，大林蒲最後一處魚塭成為平地，此處養殖正式走入歷史。隔二年，鳳鼻頭漁港至小琉球的藍色公路首航，讓鳳鼻頭再次受到注目，到小琉球已不用千里迢迢到屏東，此處即能搭乘。

■ 漁船正停靠在港邊

■ 鳳鼻頭漁港小艇

照著路標，我稍微爬上坡。

　　空氣已被海洋味占據，驕陽下的海岸線，依稀可見當年亮麗風采。港邊數艘舢舨漁筏靠岸停泊。附近漁民每日仍利用夜裡出海捕魚，清晨返回港邊整理魚貨與補網。褪色的淡藍防坡堤，灰色狹小的混泥土階梯，紀錄來往過客的足跡。深藍海上反射著日照，波光粼粼，像舊相片裡那絕代風華的女子。雪白浪花拍打上岸，船隻隨著海浪節奏上下起伏。微風聲。浪濤聲。海堤上我席地而坐，注視美景。這裡的居民說的沒錯，「卡早有夠嬌……」滾滾翻騰的海水，依舊如昔。不管是數百年前的繁忙，一直到現今的恬靜，著實叫人傾心。我流連忘返，有那麼片刻，靈魂幾乎靜止，在這百年漁港中。

　　鳳鼻頭往北行南星路約 7 公里即為紅毛港。紅毛港已完成遷村，以文化園區的全新風貌呈現於世人。目前更開放紅毛港到駁二航線之船班，讓旅客得以一次遊覽紅毛港與駁二特區。園區內除了展示傳統建築，觀海平台是每個人都愛駐足之地，此處能以超近距離觀賞高雄港的港口橋起重機，以及不同時段進出港的豪華郵輪、貨輪、海巡署的巡防艦，甚至是驅逐艦，電影中、新聞裡的大船，會真真實實從你面前開過，緩緩地滑行而去。從大港夕照到金黃夜景，園區的百變姿態，卯足勁迎接每位來訪遊客。

　　至於用餐，高字塔旋轉餐廳亦提供各式簡餐。除此之外，若想要品小吃，恐怕得回到大林蒲，那兒算是聚落中

■ 紅毛港傳統
建築的山牆

■ 紅毛港的閩式建築

■ 俯瞰整個小漁村

■ 高字塔旋轉餐廳

心，擁有些店家。不然，小港地區的選擇更多，二苓路上，因緊連傳統市場，亦有諸多古早味。

　　我走到市場裡的美食街。「小姐，看要吃甚米？」滿臉皺紋親切的老婦招呼我。我肚子已咕嚕抗議，但這麼多好吃的餐點又讓我摸不著頭緒。

　　　　大腸豬血湯

　　　　炒麵炒米粉

　　　　香菇肉羹

　　　　水餃

　　　　鹽水意麵

　　　　土魠魚羹

　　　　自製麵

　　　　無刺魚肚

　　　　蚵仔湯

　　　　海鮮粥

　　　　浮水魚羹……

　　市場內部有人正排隊買春捲、油飯。一旁還有滷味、炸物、冬瓜茶、青草茶⋯⋯。

　　誰來救救我？我快淪陷，無法自拔，什麼都想吃。

　　走來走去，拿不定主意。最後停在一間賣米糕、四神湯的小店前。使我決定獻上味蕾的原因是，「頭家，甘擱有米糕？」一位看似當地人婆婆問店家。就是這句話讓我擔心好料會售罄，於是定意先試這間。

　　「頭家，我要一碗米糕，和四神湯。」我大聲喊著，以免被其他客人捷足先登。店裡的位置都滿了，我找到「板前」一個空位，坐下耐心

■ 米糕的糯米香味一級棒

■ 整鍋含著高湯精華的四神湯

■ 豬小腸富膠質有彈力

候著。老闆娘處理前面客人點的餐點，一碗又過一碗。有的是外帶，她迅速的打包，繫上紅繩，一邊她又炸著肉圓，一顆又一顆，在滾熱的油鍋上翻轉。

料理上桌，我趕緊大吃一口。長長地呼了一口氣，「好燙喔，好好吃……」Q軟的糯米，飽足了口感，甜醃的小黃瓜片，沾了棕色肉鬆，含米飯入口，平衡了太甜太膩，是份剛剛好的滋味。我吃得很起勁，一口緊接一口，米粒幾乎扒完。此時，我才注意到油鍋上滋滋作響的聲音。板前的座位由於面對料理台，那肉圓的香氣與酥脆外表竟然使我目不轉睛。我實在無法不看那圓滾的肉圓。

■ 酥皮肉圓起鍋

「老闆，我要包三顆肉圓。」「老闆，我要二顆肉圓這裡吃。」「老闆……」

又來了，應接不暇，眼看面前那大鍋肉圓一個個被盛起，離我而去……。我立刻舉手，「我也要肉圓……」我摸摸已飽肚子，聲音轉小，「嗯……歹勢喔，一顆就好。」

飽餐一頓，又加入買春捲行列，再買些土魠魚羹、炒米粉等，最後來杯重量級青草茶，回味兒時，我二手滿滿，走出美食街。街上尚有牛肉麵、蛋黃麵、快餐、酥餅、水果攤。我找到公車站牌，停等著，邊吸了口飲料，再看看手上外帶的各式好料。

我即將離開小港。

想到早先拜訪的幾個地點，那試圖抵擋煙囪的大林蒲、鳳鼻頭與紅毛港，我感受到自己的幸福。這些年來，那兒居民總望著台灣海峽不停吶喊，他們用盡所有力氣，極欲保存港都最原始的漁港部落。但都市的規劃與進步終將無法變更路線，當工業重鎮聲名遠播的名號冠在那塊土地，我們依稀能聽到他們在煙囪下嗚嗚的哭泣聲。

遷村，勢在必行。但我相信，這塊海岸線的復育與淨化，會如整治過的愛河沿岸、半屏湖溼地與幾處綠地公園，終究會有嶄新重建、再次令人驚豔的一天。

而，無庸置疑的，那漁港的幽靜、純樸，如何擄獲我的心，是我永遠都不會忘記的。

■ 豐富的一餐

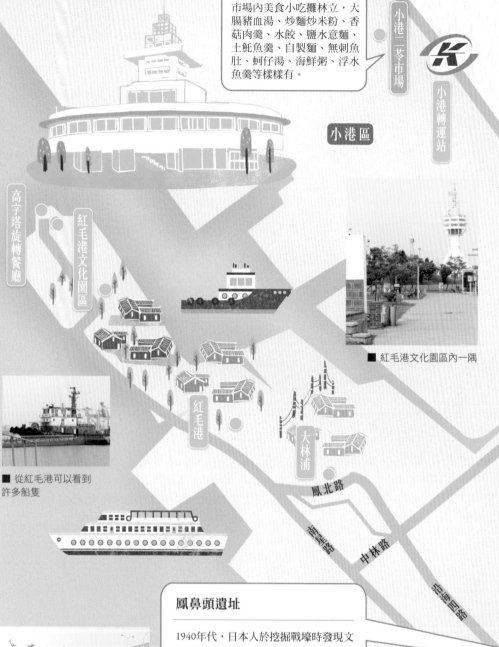

市場內美食小吃攤林立，大腸豬血湯、炒麵炒米粉、香菇肉羹、水餃、鹽水意麵、土魠魚羹、自製麵、無刺魚肚、蚵仔湯、海鮮粥、浮水魚羹等樣樣有。

小港二苓市場

小港轉運站

小港區

沿海一路

■ 紅毛港文化園區內一隅

高字塔旋轉餐廳

紅毛港文化園區

紅毛港

大林浦

鳳北路

南星路

中林路

沿港一路

■ 從紅毛港可以看到許多船隻

鳳鼻頭漁港

鳳鼻頭遺址

1940年代，日本人於挖掘戰壕時發現文化層。1993年，將本遺址所屬文化區分為大坌坑文化、牛稠子文化鳳鼻頭類型和鳳鼻頭文化，並依陶片、獸骨、貝類等資料推測遺址年代約在距今5200年至2000年前。距鳳鼻頭港步行約800公尺，現為國定古蹟。

■ 鳳鼻頭漁港海

鳳鼻頭與紅毛港・市場的
米糕與四神湯

Kaohsiung Map

■ 附上一兩片小黃瓜的
米糕，與四神湯是絕配

小港機場與機場路

小港區是國際航空站所在地。若要看飛機起降，
除了機場內的觀景台，還可轉到明聖街，那裡有
休閒農場與咖啡館，能邊看起落的飛機，邊啜飲
極品咖啡。

■ 紅毛港文化園區，能體驗
過去紅毛港聚落生活

沿海二路

鳳鼻頭遺址

■ 整個鳳鼻頭漁港腹地

甲仙大橋

異鄉野菜與馥郁芋冰

KAOHSIUNG

　　寒冷在意境中擴張界域，黑夜如幽靈披掛闖進。即使雜沓紛紜，人潮擁簇，我仍備感孤單。覺得喉頭深鎖，無法喘息。我曾是孤獨的囚犯，如今倒成了孤獨的友人。

　　拜託，誰來告訴我，那上帝的規則。

　　有位住美西的朋友，有天從好友的追思禮拜回來，說著一個故事。說是好友，事實是前任男友。這位男友，是位迷人、才華洋溢的白人醫生，凶者他的幽默風趣，身邊總不乏圍繞女性友人。但其實他長期為精神疾病所纏累。發作之時，他會像個驚恐的小男孩，拚命狂叫，「夠了！夠了！」發瘋如野獸般。之後會蜷曲在屋內角落，無助地哭得像淚人兒。

■ 遠望甲仙大橋

我那朋友，在數不清的日子裡緊隨在側，終不敵疲乏而分手。然而，在數年後一個冰天雪地的夜裡，當大夥躲在壁爐旁，冷得要命地對抗暴雪時，他，完全沒有求救，也沒有任何事先徵兆……那位男友在大雪紛飛之際結束了自己的生命。

精神疾病，形同甩不掉的影子。剛開始像洪水猛獸侵襲，但最後卻需學習與其和平共處。當然還有些平日能自行做到的療癒課程，如與人長聊、參與創作、戶外踏青等。這使我思索，高雄有沒有一條很遠的路線，適合自己一個人旅行。像是「不思議幸福列車（旅行の贈りもの──0：00 発）」，在每個偶數月第三個星期五的深夜零時零分由大阪車站準時發車，將幾位心事重重的乘客在絕望之時帶到不知名的終點。

想了好一會兒。

甲仙。我想這是我的答案。

你無需自己開車，班次又頻繁，一小時自高雄客運總站發車一次，車程約一小時 45 分鐘。你所做的就是整理好心情，然後上車，全然放鬆。不必與人聊天，只要專心做自己。

找了那麼一天，我決定獨自踏上這趟旅程。那時已是暮春，颳著微風，我從台鐵附近的總站上了車。起初，還有點忐忑，畢竟是頭一回。我安靜走過車內長長的走道，到最後一排

■ 沿著楠梓仙溪騎著腳踏車，是種難得的享受

■ 甲仙有規畫自行車環遊之車道

靠窗位置坐下。車上乘客大部分為上了年紀的阿公阿嬤，他們有的閉目養神，有的跟身邊的人聊著自家的事。一會兒，上來個老婦，她躬著腰，背著大包小包的袋子。

「喂，是你喔。你今仔日嘛來高雄喔。」這時一名坐在最前頭的大嬸看到甫上車的老婦說。

「嘿呀。哪ㄟ這柱好，你嘛坐這班公車喔。」老婦找了大嬸旁的座位，「唉呦！」一聲坐下。「啊的阮媳婦上禮拜生了，佇 XX 坐月子中心啦。我三天二天沒歹誌就ㄟ去看一下。順勢燉一隻雞厚伊補補ㄟ。囝仔要吃奶嘛卡有。」

「恭喜喔！阿你嘛真厚工內，擱燉雞湯提到高雄去。實在講，家己養ㄟ雞仔尚好。攏佇咱瓜子園趴趴走。」

「就是講啊。咱自己吃愛吃卡好ㄟ，今嘛像這種可以跑來跑去的雞

■ 甲仙公車總站

仔攏就少ㄟ。咱養ㄟ雞仔全有機，免注射，擱毋免關佇籠子。不僅僅按內，連水果嘛生的真好。對啦！最近阮種ㄟ香蕉很多攏熟了，香共共，我款一些，順勢拿滿月雞卵糕到你家。」

「按內喔！呵呵呵，歹勢啦……阿阮叨那片河川地種ㄟ芋仔最近嘛收就多，你甘有愛芋仔，拿些轉去甘好？」

「好啊，阮大漢孫子尚愛吃芋頭米粉，我可以來炒芋頭米粉，放些油蔥就讚ㄟ。」

她們的話題仍繼續。果園、田地、溪河，鄉村景色在他們的對話中一一呈現。我將視線游移到窗外。

車子就這樣經過市區裡的果菜市場、文藻、榮總……櫛比鱗次的大樓林立，熟悉的市區街道。

公車慢慢進入南勝湖、溪州、旗南到旗山轉運站。街景換了樣，香蕉園、農舍、鐵皮厝。之後道路變窄了，客運開到山間，杉林分駐所、火山坑、十張犁、匏瓜寮、田厝。層層山巒平靜地鋪在天邊，像小黃瓜的深綠，也像萵苣的青翠，帶些結球白菜的漸層。山腳是幾撮開著小紅花的樹叢、一根根豎立的竹

■ 古早味濃厚的售票亭

子林、展開的椰子樹，正結實纍纍的椰子、各式果園、梅子園……染有雨漬的鐵灰色二層樓平房、略為斑爛還留有磚瓦的三合院。圓形傾斜的站牌立在路邊，有些老人蹣跚下車了，之後是個頂著斗笠的老婆婆上車。她提著一筐竹籃，裡頭裝滿蔬菜水果。雖長得不討喜，棕黑色泥土還黏在莖上、伴著幾片不完整的黃綠色葉瓣，但一看就知道是剛出土的蔬果瑰寶，這會兒它們正在竹籃「乒乒乓乓」地滾來滾去。

■ 甲仙街頭賣菜人家

「你要在叼位落車？」司機先生耐心地等她上車，隨口問了她。

「佇芋冰城那邊啦！」老婆婆緊抓著欄杆，在司機開車後，找了個博愛座趕緊坐下。

終點站，到了。在藍天綠山中，稍微崎嶇不平的道路中，嫣然現身。

甲仙，是個擁有傲人景觀的縱谷。北接那瑪夏區，南接杉林區，東邊是玉山山脈，西邊是大烏山、內烏山，東西之中流過的，是小林斷層形成的楠梓仙

■ 甲仙區的楠梓仙溪

■ 淡紫色的甲仙大橋以及芋頭標誌

■ 甲仙老街有許多美食小吃

溪。楠梓仙溪由北而南貫穿境內，河谷地形皺褶多，平地極少，但也造就數個沖積平原與河階台地，成為此區主要耕地。因地勢高、水氣充足，終年氣候宜人，主要生產芋頭、竹筍、梅果，品質極佳。在古時，平埔族自玉井越過高山山脈遷徙而來，他們成為現今的甲仙人，而當地的原住民拉阿魯哇族與卡那卡那富族只好退到更北的山上。清領時，開闢了越山道路，由於樟林滿山遍野，一度吸引日本人到此製作樟腦。

2009 年，八月，莫拉克颱風。她帶走了小林村，毫無預警地。只知那晚暴雨四起，風，像沒了分寸，橫掃著。村民呼天搶地，接著哀嚎聲與吶喊聲，響徹霄雲。生命的盡頭，在一個憤怒的崩塌中結束。

「你要去那瑪夏嗎？」下車時，司機問了我。我的心激盪著，喔！真的很心動。我有一百個願意，想繼續往那瑪夏挺進，甚至留到夜晚，至達卡努瓦里步道賞螢。那一閃一閃，在夜晚中好似點燃曙光的螢火蟲。於是我在公車門口徘徊許久，但終與司機道再見。「下次吧！因為我可能來不及回家做晚餐。」考量許久後回答。我想到晚餐，那也是點亮我們全家曙光的時刻。

甲仙大橋，在颱風過後重建。入夜後能看到彩虹般眩目的 LED 燈大橋。以東是甲仙公園，東北則有 1906 年種下的百年樟樹、彩繪巷、350高地。北方還有個小林紀念公園，用來紀念遭土石淹埋的村民。

在走過這些景點後，我來到文化路。這條路上，餐飲居多。

有位大姊正煎著芋頭粿。香味隨著熱氣，逼近鼻翼。她將芋頭粿一片片切下，小心翼翼地將它們平整放在煎盤上。幾位客人在前頭等候，目

■ 甲仙的風景如詩如畫

■ 香味四溢的芋粿

■ 黏韌好滋味的芋粿巧

不轉睛望著鍋內跳動的美食。

　　只見芋頭粿躺在油鍋中，文火伺候著。不久底部四周已藏不住泛出的金黃，大姊立即放下煎匙。四、五秒鐘，這些芋頭粿已通通被翻過身子，大姊邊煎邊說著，「你看這攏已經煎的『赤赤』，不是『臭火乾』喔，按內尚好吃！」原來旁邊來了個助手，大姊不忘說明給她聽。此時好像上演美食節目料理秀，主廚正示範如何煎芋頭粿。

　　我拿到整盤剛離火的芋頭粿。在大姊的旁邊看太久，饑餓感已達到無法抵擋的境界，我二話不說，速速品嚐。

　　脆皮外表，金色中露出水紫，此時我的口腔裡，滿滿的芋頭味兒，融在米漿中。

　　擦掉嘴角的油滋，我繼續往前走。一個攤販，立著整排的野菜炸

■ 酥脆的異鄉野菜　　　　　■ 鮮炸溪蝦

物,野菜前頭是炸溪蝦、炸蟋蟀,還有炸地瓜、芋頭等。

「老闆娘,這怎麼賣?」

「溪蝦、蟋蟀一份五十。野菜一份三十五,三份算你一百就好。」

「這是什麼蔬菜?」我彎腰湊近看著,仔細搜索腦裡資訊。

「我自己種的山茼蒿,還有這種野菜。我一時忘了名字,但味道極好。」老闆娘用不同的語調說著。

「你好像有點口音,請問你是這裡人嗎?」我問道。

「哈哈,小姐妳耳尖喔。我從湖南來的,不過都幾十年了。」

「幾十年阿?那你有回老鄉去嗎?」我想到很多人都回中國去發展了。

「很少囉!從年輕時嫁過來,我就不曾離開過。就算風災來我也沒走。說到那夜,真的好恐怖喔,天崩地裂,像世界末日一樣,大家都擔心到整夜無法睡。但再怎麼毀壞,這裡都是我的家阿。」老闆娘語重心長地說著,還夾了塊讓我試吃。

「哇!好脆喔。這野菜有種香氣,我說不上來,像九層塔有她特有的滋味,大茴香也是。妳的手藝真棒!可惜我在高雄吃不到這麼棒的野菜。」我馬上分享試吃過後的心得。

「哈哈,喜歡喔!那我再現炸些給你。喜歡吃就多多來這兒看我啊,我都在這裡,不會走的。」老闆娘將野菜沾上蛋糊液,入油鍋,很顯然的,她是箇中好手。她將野菜炸得酥脆,瀝油過後,立即套進紙袋給我。「來,多給你一些。趁熱吃喔。」她瞇起眼睛,露出彎彎的眉毛和稀疏的頭髮。

我接連道謝,趕快「呼～呼～」吹了幾回,張嘴咬下,有「卡滋卡滋」如餅乾般響聲。我瀏覽著其他商店,又接著一連吃了好幾口,意猶

未盡地。再將溪蝦整個送進嘴巴，咀嚼，又咀嚼，溪流的野味，蔬菜的泥土味，一併迸開。

東吃西吃，另買了話梅、脆筍與芋泥餅當伴手禮。我沿街開始物色涼品。瞅到「芋頭冰」啊哈！沒錯，就是它了。

我挑了間門面古舊的商店，走近瞧瞧。

「我要外帶一桶芋頭冰。」我告訴眼前這位慈祥的老阿嬤，她正坐在小板凳上，削著芋頭皮。她的前方是一籮筐上好碩大的芋頭。「好啊。」老阿嬤站了起來，拿出桶冰，包裝著。「這冰我放在保麗龍盒子裡，五小時都不會融化。」又說，「你有四處去走走嗎？我們這裡現在建設的很漂亮呢。」

「有阿。彩繪巷好繽紛，貓巷的傘是我最喜歡的，創意十足。甲仙大橋與旁邊的河川也很漂亮。」我回想剛剛的行程，再想到小林村。「你們花了很多時間才恢復吧！」

「是阿。真的很不簡單，但熬過來了。」老阿嬤將桶冰交給我。「風災來時，我們都很害怕。我在小林村有幾個親戚來不及逃出來……日子還是要過嘛，如今大家都學會站起來了。」

她放下手邊工作，略為沉思，轉身看著我。「當時我也會有想不開的時候。要死，其實很快啦。」她毫不諱言地說。「但想到孩子、孫子，還有其他留下來打拚的鄰居。活著應該是比較困難的吧！人世間有那麼多艱苦事。」她稍微嘆了口氣，「我後來發現，人活著不是只有自己，還有很多責任。」

老阿嬤低下頭，將桶冰一一排列整理好，漸漸露出微笑。「我是老了，但是你看我做的芋頭冰，很多人都上網給我按讚呢！這些芋頭是我一個遠房種的，她很會種芋頭，每次收成時，一大票人都跟她訂。就你們說的那個什麼……阿！秒殺啦。」

「哇，秒殺喔。」我也笑著回答。「那一定無敵好吃，聽到就很想馬上吃一口呢。」

「哈哈哈！」老阿嬤開朗地大笑，「來來來，多送你一球，下次帶家人來玩。」

走出冰店，遙望淡紫色的甲仙大

■ 甲仙芋頭冰

■ 甲仙老街上常可看到一整落剛採收的芋頭

橋。像橘子般的陽光偏斜，淡泊霧氣，溫度涼爽清新。橫跨楠梓仙溪河谷的三拱橋身，屹立著。那球芋頭冰被我緊緊握在手中，點點滴滴正融化。我趕快拿出小湯瓢，舀了幾口。

極冰，在我口中震盪。頭腦，像被打擊過，頓時靈光。綿密鬆軟的芋泥與其馥郁的香氣交融，在味蕾上盤旋。攪拌當中的是微小芋頭顆粒，讓品冰不單單只是在舌尖化開，還加入咬合，不僅提升了口感，更延長享受的時光。

「遠山與天際沒了界線，在白濛雲霧中交錯。涓涓溪流旁的堤岸，爬滿了無數像茄子般紫色的牽牛花。」我在心中讚嘆。「我好像看到了一位氣質非凡的少婦，蹲在滿是花朵的河邊濯衣。她穿著紫碎花旗袍，哼著輕柔小調，翩然露出燦爛的笑靨。」

漫步到橋上，景緻更清晰動人了。我卻反覆思想著芋冰阿嬤的話。

莎士比亞在《哈姆雷特》裡的一句經典，「To be or not to be, that's a question.」中文翻譯大致為，「活下去，還是一死了之，那真是個好問題呀！」對活著的人來說，艱難讓人退縮。但人生的責任未果，卻該為著後代致力而為。如同這座甲仙大橋，毀滅了，就該有人重建；美麗的家園不見了，該有人把她找回來。

留下來的這群人，汲汲營營建設了這一切。不只為自己，也為未來的子孫。沒錯，「……人活著不是只有自己，還有很多責任。」我突然有點明白，人生，再如何煎熬困苦、難以忍受，可以休息、可以哭泣，但卻不能輕言放棄。

這是上帝的規則嗎？我不知道。但我卻必須坦承，這次旅程確確實實帶給我生命的衝擊。無論上帝的規則如何，在搞清楚以前，我得先加把勁，把我人生失去的部分好好地給追回來。

甲仙大橋·異鄉野菜與馥郁芋冰 **甲仙區**

Kaohsiung Map

明心橋

復興路

中正路

班芝埔溪

中山路

■ 陽光下的客運總站

■ 甲仙芋頭冰

■ 當日製作的大芋頭粿，
切成一小片一小片油煎販售

林森路

客運甲仙站

忠孝路

甲仙老街

甲仙附近景點

來到甲仙，除了老街與貓巷，甲仙大橋
下的親水公園，結合露營、烤肉、戲水
等功能。350高地生態園區，只有海拔
350公尺，輕鬆體驗森林步道之旅。若
有開車，往西可達六義山登山步道，往
北可參觀那瑪夏邊界的錫安山。往東可
計畫荖濃溪泛舟與寶來泡溫泉。

楠梓仙溪

進入甲仙商圈後，文化路老街
上有非常多的芋冰、芋粿等小
吃與芋類食品，不愁吃喝。

甲仙大橋

■ 甲仙大橋旁綿延不絕的墨綠山脈

■ 生動活潑的喵星人

甲仙貓巷

自甲仙大橋往東700公尺處，有一條彩繪貓巷。過去這裡是貓群出入地，近年因覓食不易而遷走，於是乎，當地居民與藝術家合力，讓喵星人走過的足跡以彩繪方式再現。巷內除了畫出貓兒的故事，加上七彩雨傘高高掛，讓貓巷成了甲仙地區首屈一指的藝術景點。

高雄貓巷

文化路

■ 甲仙貓巷壁畫

■ 甲仙貓巷彩虹花傘

美麗島

幸福川阿嬤肉圓

KAOHSIUNG

美麗島阿，美麗島。
不曾忘懷的是你的名字。

　　高雄，有個美麗島。其名來源是紀
念 1979 年以美麗島雜誌社為成員的高
雄事件。如今，那是港都交通的樞紐，
是捷運紅線與橘線精彩交會處。自色彩
斑斕的光之穹頂──美麗島捷運站出站
後，陽光自大片玻璃帷幕照耀下來。許
多遊客在各個角落拍照，大廳正舉辦小
型音樂會，人們，絡繹不絕。沒錯，從
美麗島站出發，四通八達，足以將南高
雄好好逛上一圈。趁著三五好友計劃至
高雄旅遊，我特地介紹了周遭幾個著名
景點。

■ 高雄捷運美麗島站（Formosa Boulevard）
穿堂層大廳「光之穹頂」裝置藝術

　　南邊直行，可達中央公園、大統五福店以及新崛江商圈。中央公園得以散步、運動、或舒壓心情。但若是要採買新新人類之新潮衣服配件莫過於新崛江，它位於五福二路與中山一路附近的玉竹三街，或稱為玉竹商圈。只要一走近那地帶，嘻哈音樂、當紅流行歌曲會立刻環繞耳際，各式光鮮亮麗的服飾商品炫麗奪目，肯定讓你全身上下想要舞動起來，釋放年輕有勁的青春活力。

　　比鄰新崛江，大統五福店，前身為舊大統。80 年代，舊大統熱鬧非凡。裡面的手扶梯，對當時的孩子而言，是項充滿驚奇的偉大魔術，只要勇敢站上不停前進的黑色階梯，握緊扶手，不一會兒，這所謂的「電梯」將會將你帶直達樓上，完全不費腳力。魔術尚不只如此，九樓的美食殿堂、頂樓的木偶咕咕鐘、還有五樓或六樓那擺滿書籍的書局。我最嚮往獨自待在書櫃角落，拿著一本又一本的童書繪本，在文字與圖畫中奔馳。

　　只是噩夢躲在暗處，1995 年午夜的猛烈大火，震驚了高雄。那把火燒掉了大統，也將高雄人得以放鬆娛樂之處焚毀殆盡。有好多年，街坊鄰居、同學朋友總愛談論、緬懷舊大統，那個充滿大人小孩歡笑回憶的百貨

■ 捷運中央公園站

■ 美麗島外觀設計取自於「祈禱」

■ 每個高雄女孩都知道的中
正路喜餅街

■ 美麗島站旁的婚紗店

公司。

　　從美麗島站向東方前進，是高雄人文化之濫觴。表演藝術、文創展覽、音樂戲劇，在文化中心輪番上陣，那區域是文人畫家創作者匯集之地。若是往北，走中山路，到底便是高雄車站。在日治時代中山路因面對高雄車站，取名為「昭和通」，與現今日本東京都的路名相同，凸顯了那時日本人對其之重要性。

　　現在美麗島到高雄車站這段的中山路，則多為婚紗店與補習班。念書時，搭公車去補習，得在大港埔站下車，再往七賢路走去。路程雖短，但通常走來頗為沉重──老是混亂的對數函數，以及對未來的無限茫然，覺得自我生存空間在課業中不斷地壓縮、再壓縮，有時一路上都想找個地方大哭。而當蝴蝶破繭而出，長大成人步入婚姻，又回到中山路時，反倒呈現極端另種心情。相信每位高雄女孩都一樣，在婚紗店鏡子裡，一件一件禮服雀躍地試穿著，80年代的女孩會幻想自己是氣質出眾的黛安娜王妃；2015年以後的新娘則在鏡中看到優雅時尚的凱特王妃。

　　回到美麗島站。向西邊中正四路走，喜餅街綿延。高雄女兒出嫁時，都會親自到此挑選合意的喜餅；懷孕時，還會再來一遭，為的是寶寶彌月禮盒。當然，春節的禮尚往來，致謝客戶的中秋月餅也多從此區送出。這裡店家代表的是港都傳統禮俗，長久以來擔負著高雄人送禮的媒介。逛這條路，心情總是歡愉。

　　西北方向，名聞遐邇的六合夜市在此。現在的六合夜市，已絕非同日而語，走的是國際觀光路線。夜市裡聽的到正統北京話、日語、韓國

■ 美麗島站出站了

腔，抑或流利的英文。然而童年時這兒卻是父母帶我們來解饞之處，多的是在地人。有時父親嫌夜市附近不好停車，會破例慷慨地招攬計程車，那是我們最開心的時刻。我們會在住家巷口，舉起高高的手，揮呀，揮呀！直到有部計程車，停在我們面前，幾個蘿蔔頭便趕緊鑽進車內，期待司機把我們載到各式各樣的美食天堂。擔仔麵、木瓜牛奶、生炒鱔魚、蚵仔煎、米糕、羊肉炒麵、螃蟹大蝦、綜合果汁等佳餚，在 70 年代，這是份奢侈的享受。

　　橫在美麗島與高雄車站中間，流著一條愛河分支，名為幸福川。幸福川，原本只是愛河分流，名叫二號運河。2010 年，因配合整治工程，開放網路命名投票而得以命名。川河兩側為高雄最早期熱鬧的舊部落。你能在那裡找著幾間很古老的小吃部、冰店或是青草茶店。那附近有間肉圓攤，由一對上了年紀，約八十多的老夫婦經營。老歐吉桑在後頭鐵厝裡負責磨米漿、包肉圓，以中大火將蒸籠裡的肉圓蒸好，再用推車將蒸好的肉圓送到老阿嬤的攤位上。攤位左邊偌大的蒸籠裡，無數個冒著

■ 陽光灑下來的
六合夜市招牌

蒸氣的肉圓，會繼續以微弱火蒸著，以保持熱度。
其右邊則是用雞骨頭慢熬的高湯，提供清湯或者是
自費的魚丸湯。

　　某個周末，秋意正濃，前晚下了場小雨。清
早陰陰灰灰的天空，約略透露幾束光線，吹著清涼
秋風，詩意無限。我們與孩子決定去嘗鮮。從幸福
川轉進南台路，找著了肉圓攤，肉圓阿婆看到了
小朋友，開心地咧嘴而笑。「今仔日帶囝仔來喔！
來！來！這緊坐。」

　　「嘿呀！囝仔愛吃恁家肉丸啦。」我話還沒說
完，孩子自己已找好位子就坐。「頭家娘，我要三
粒肉丸，來三碗。攏愛清湯。」先生率先點餐。

　　「好好，隨來喔。」老阿嬤燙了一個新髮型，
染成烏黑，還撒上亮粉。

　　「頭家娘，哇！你ㄟ頭毛是不是拄仔作好
ㄟ，正水喔！」先生誇獎老阿嬤一番。她正以飯
匙鏟起蒸籠裡的肉圓，再淋上甜甜的醬油膏。「唉

■ 幸福川旁的天主教堂「聖保羅堂」

■ 幸福川，又名二號運河，是愛河的分流

■ 熱騰騰的肉圓

■ 古早味的蒸籠

呦，老啊啦。我叫做頭毛的設計師麥噴金金，伊就講按捺卡水。」聽到先生的讚美，老阿嬤早就笑得合不攏嘴。「蒜頭、辣椒甘麥愛？」

「當然愛啊！這好吃的肉丸，一定愛加這味。」冒著熱氣的肉圓，油腴的表皮。先生孩子已準備好筷子，不忘再讚揚一番。

此時老歐吉桑由後方緩緩地走近，他畢竟已老邁，彎著腰，步履蹣跚。「來人喔！是甚米人把車凍佇頭前啦！我無法度過去啦。」

正埋頭吃著粉嫩肉丸，老歐吉桑喊叫的聲音引起大夥注意。只見老阿嬤馬上離開攤子，跑上前抱起了腳踏車，挪到牆邊。「她不是八十多歲了嗎？」旁邊一名客人驚訝地說。「我攄就有力ㄟ。」老阿嬤走回來，聽到他的疑問，不假思索地回答。「今嘛人車都黑白停，好加在是卡打車啦。」

大家正七嘴八舌地聊著，老歐吉桑已將剛出爐蒸好的肉圓推過來，與老阿嬤合力抬上攤位爐火上。藍紅色火花原本四處亂竄，這時被裝滿肉圓的蒸籠重新蓋上。看到一整籠炊煙滿布的肉圓，人們的腳步一一湊近，「我要包六粒。幫我分兩袋。一個淡薄仔辣，另一個無愛辣。」帶著小童的老婦說。

「頭家娘，二粒佇這吃。」另一名中年婦女也說。

「我五粒。這吃ㄟ。」又來了位老先生。

「好好好。大家講卡慢ㄟ啦。我記未起來啦。」老阿嬤開始快手快腳起來，拿紙盒，再取碗，又盛清湯的。老歐吉桑呢？早已轉身。執著地、認命地，將空的推車推回去，沒有休息，準備再續做下一籠肉圓。

肉圓一顆拾元。以在來米研磨，加入地瓜粉與太白粉，再包上剁好完整的小碎肉。火焰所推出的蒸氣，讓肉圓內餡品來香氣飽滿，外皮幾乎

入口即化，它的滋味令人懷舊，帶著上世紀的古早味。雖看似平凡，但卻吃得出一甲子的堅持，讓人吃了還想再吃。

　　肉圓見底時，孩子將清湯倒入肉圓碗，呼嚕呼嚕一口氣喝完，然後發出「啊！」一聲，接著舔舔舌頭。

　　稍停一秒，他轉過頭來對我說，「媽媽，我還想要肉圓。」接著他左右手指交叉緊扣，用力睜大眼睛，再眨眨眼，像可愛大眼的喵星人。「媽媽……」他正努力演出一副楚楚可憐的模樣。

　　「怎麼樣……？」
　　「可以嗎……？」

■ 加上辣椒醬的肉圓更加美味

■ 老阿嬤努力鏟著一顆又一顆的肉丸

■ 肉丸與魚丸

美麗島·幸福川阿嬤肉圓

Kaohsiung Map

報乎你哉

美麗島，來自葡萄牙文的福爾摩沙 Formasa，構想是從1979年震驚台灣社會的民主運動濫觴的美麗島事件而來。此站是捷運橘線與紅線交會處。外部玻璃帷幕建築主題為「祈禱」，內部的「光之穹頂」公共藝術由義大利大師打造。

■ 樹影倒映水中

■ 義大利藝術家設計的光之穹頂

■ 城市光廊步道的壁畫

南台橫路　自立一路　七賢二路

老牌肉丸

南台路上的老牌肉丸攤，有阿婆堅持數十年的好味道。

六合二路

新興區

六合夜市

美麗島站

中山一路

中正四路

喜餅街

南台路

自立二路

瑞源路

中正四路是著名的喜餅街

大同一路

西部濱海公路

■ 港都公共藝術城市光廊

中央公園與文學館

中央公園、城市光廊與文學館是含括休閒、藝術與文學的一個綠帶空間。中央公園內含人工湖、老樹、溼地生態與遊樂器材。城市光廊為結合光影、穿透、彩繪與玻璃等裝置藝術平台，而高雄文學館除了圖書館功能，每周另有不同的文學家駐館。這裡自捷運美麗島站約只有800公尺的步行路程，或者也可直接在捷運中央公園站下車。

■ 高雄文學館旁造景

高雄文學館

中央公園

城市光廊

大統百貨五福店

中央公園站

玉竹二路

玉竹三路

五福二路

新崛江

橋仔頭

濃情御守的包子

KAOHSIUNG

請勿將頭
伸出車外

在五分車售票亭購完票，頂著稀疏灰髮的工作人員引導我們上了車廂，他看起來年華垂暮，身材瘦高，略顯傴背。幫大夥關上車門後，他掛上鍊條，一轉身便邁開大步，急趨駕駛車頭。

我想起血泊作家鍾理和的小品文〈貧賤夫妻〉，開頭是這樣寫的——

下了糖廠的五分車，眼睛往四下裡搜尋，卻看不見平妹的影子。……於是我提著包袱，慢慢向東南山下自己的家裡走去。

五分車緩緩地駛離月台，父親傾靠在車廂欄杆上，他的黑色眼球顯得耀眼，眼神稍有飄離，望向極遠處。像是飄到了 50 年代。理著光頭、打著赤腳的他與鄰居孩子們悄悄地跟在載滿甘蔗的牛車後面，他們偷偷抽取了一兩根，滿足的品嘗著飽滿糖蜜的甘蔗。牛車工人其實也心知肚明，不知不覺將腳步放的更慢了些。不多久，一旁的五分車在裝滿甘蔗之後，動了起來。幾個孩子便開始追著五分車跑著、跑著，一邊還傳來他們嬉笑吶喊的聲音。

■ 坐在五分車上，宛如進入時光隧道

■ 糖廠里的日式建築

「阿兄，等我啦！」原來是自己的弟弟有些跟不上，父親停下腳步。「來、卡緊吶！五分仔車要走去呀。」只見父親一蹲背起了弟弟，然後兄弟倆狂叫了幾聲，「衝阿……」他們一鼓作氣，奮力地向前疾步奔跑。

■ 雨後糖廠的蝸牛

製糖之路，在五分車低頻的鳴笛聲中，「嗚——嗚——」的展開。

從捷運世運站開始，高雄捷運紅線自地底走向高架，出黑暗入光明。剛開始那瞬間，你會感到刺眼，但很快地，等瞳孔適應了，你將率先看到「鳥巢」，那是高雄的世運主展場。在 2009 那年舉辦了世界運動會，有好幾個月整個高雄幾乎掛滿了歡迎旗幟。慢慢地，鳥巢過去了。無際的都會公園，蓊鬱林地，綠葉隨風飄曳，甫蓋好的大樓房舍建築環繞在側。我們於橋頭糖廠站下車，選擇以步行的方式，貪戀在日式庭院、迴廊、百年糖廠裡散步的快活，恣意地走上一圈。

日治時代，因為運糖的需求，台灣糖業株式會社鋪設了 762 公厘軌距的鐵路。起初只是為了運送原物料，但後來也加入載運旅客的行列。而且，因糖業鐵路更深入鄉鎮，反而更廣泛為人民所使用，並接軌了官方鐵道不及之處。國民政府來台後，將台糖收歸國有，並配合南北平行預備線，使分屬各株式會社的糖鐵串連一氣。

當時載客量達到高峰。直到公路拓展，汽車與日俱增，對糖鐵的倚賴才逐漸下降。

■ 甘蔗用以煉糖，如今糖廠只剩虎尾與善化有甘蔗園

從捷運世運站開始，高雄捷運紅線自地底走向高架，出黑暗入光明。剛開始那瞬間，你會感到刺眼，但很快地，等瞳孔適應了，你將率先看到「鳥巢」，那是高雄的世運主展場。在 2009 那年舉辦了世界運動會，有好幾個月整個高雄幾乎掛滿了歡迎旗幟。慢慢地，鳥巢過去了。無際的都會公園，蓊鬱林地，綠葉隨風飄曳，甫蓋好的大樓房舍建築環繞在側。我們於橋頭糖廠站下車，選擇以步行的方式，貪戀在日式庭院、迴廊、百年糖廠裡散步的快活，恣意地走上一圈。

日治時代，因為運糖的需求，台灣糖業株式會社鋪設了 762 公厘軌距的鐵路。起初只是為了運送原物料，但後來也加入載運旅客的行列。而且，因糖業鐵路更深入鄉鎮，反而更廣泛為人民所使用，並接軌了官方鐵道不及之處。國民政府來台後，將台糖收歸國有，並配合南北平行預備線，使分屬各株式會社的糖鐵串連一氣。當時載客量達到高峰。直到公路拓展，汽車與日俱增，對糖鐵的倚賴才逐漸下降。

■ 五分車的車軌只有一般標準軌道的一半

日本人在台灣種植大片蔗田,糖廠一度成為台灣人民生活的重心。當甘蔗採收之後,糖鐵將甘蔗運至附近廠區,並由輸送帶送入工廠,工廠內部則會進行切割、壓榨、蒸發、結晶、包裝等過程,然後才配送到各行銷點販售。在高雄市區各地,台糖的細砂與冰品已屬普遍常見。糖,是生活中密不可分,為甜點主力,蛋糕、餅乾、塔派,自古至今,婚禮節慶都得用上好幾袋。除此之外,糖亦能釀酒、做醋,以及養酵做麵包。

先生恰好不在家,於是帶著父親與孩子到橋頭參觀日式風情的糖廠。那天,氣候稍涼,我們起意坐上五分車。跟著父親當年坐五分車的故事,經過了阡陌,田野,鄉村道路……而後回程,再轉至糖廠散步。這裡有多數人不會錯過糖業博物館、文創商店與販賣部的酵母冰。用餐廣場在假期也有常設性街頭藝人駐唱,多半是懷念老歌或經典閩南語歌曲,如江蕙、黃乙玲等。這會兒,你倒是可以看到許多年邁老翁,專心注視演唱歌手,很安靜地,聆聽那百聽不厭,耳熟能詳的曲調。偶爾,也會聽見微弱的歌喉在旁跟上一小段。

園區內除了隨意漫步外,我最喜愛的是拿本書,找個潔淨又乾燥的椅子坐上一時半刻,享受滿片綠意的全然淹沒,或者,在老樟樹下乘涼,打個盹。你知道,每次下雨過後,這兒總是濕漉漉的,到處是從枯葉裡鑽出頭的蝸牛。我曾在雨天過後,在一面紅磚老牆上看到許多隻大小蝸牛,像出來玩耍的孩子們,爬行於堅硬紅磚與柔軟青苔

■ 復古意味濃厚的五分車站

■ 從糖廠大門外，便可看到五分車

■ 橋頭老街的舊戲院　　　　　　　　　■ 橋頭老街已經過整體規劃

中，與我們一樣，沐浴在陣陣青草香的花園裡。

　　從糖廠大門口，越過鐵路平交道，就能抵達老街。這地方有著網路上瘋傳的小吃——肉燥飯、滷肉飯、青草茶、舊戲院旁的虱目魚等等。側耳傾聽街上的聲音，年輕學子互相嬉笑打鬧、買紀念品的遊客與商家討價還價、還有店家老闆探出身子拉開嗓子短而有力地吆喝，「人客，來吃飯喔！」時間還早，但我們已感到飢腸轆轆。找了間飲料店，請父親和孩子暫歇，自己獨自去找尋餐點。

　　走來走去，想到要買點好料，但又不甘心輕易虧待自己。正考慮哪間餐館，就瞥到深處有個包子饅頭攤位。攤位後檯是一對正揮汗忙碌的母女。老母親年有七十，燙著捲髮，髮色斑白。她是揉麵糰高手中之高手。敏捷地揉麵糰，一個個秤重，揉好又包入餡料。我情不自禁向前，想把餡料看清，正忙著將麵糰放進蒸籠的女兒，看到我，立刻一箭步走來，「小姐，需要什麼嗎？」

　　「喔……」事實上，包子並非我目前選項，我只是好奇那鍋餡料。不僅如此，我也被這位老母親的手觸動，我想起小時候，媽媽那裏上麵粉的雙手，也與她一般，像戴上魔術師的白手套，總能變出清爽饅頭。「請問妳們有什麼呢？」哎呀！這下糟糕了，明明沒有要買，還這麼問。我有些後悔。

　　「除了紅豆包、蔥肉包目前還在做，其他種類都有。」女兒看去相當年輕，說話的時候聲音還會跳動。

　　「嗯……」我終於說出實話。「我可以先看一下你們做包子嗎？」女

■ 老母親正包上偌大的紅豆餡

兒先是一愣了，半晌，馬上透出笑臉，「好！那你慢慢看，我蒸籠的時間到了，得先過去忙。」説完她飛快地到蒸籠旁，仔細查看。留我在原處。

　　既然經過同意，我索性大方地在工作檯旁停下，與老母親閒聊。她慈祥地告訴我，當初她父親 16 歲從福州到台灣發展，但苦不知該作什麼事，人説福州三刀，他不會用剪刀與剃頭刀，於是選了菜刀。菜刀帶來的波折，一段接一段，最後學揉包子饅頭，一做就是一輩子。她從小跟在爸爸旁，也一塊兒玩弄麵糰，稍長時，便加入炊製行列。「沒想到我也做了一輩子。」這

■ 母女間互相守候的的幸福配方

■ 圓圓滾滾的肉包子

位母親說著說著，竟開懷笑了起來。

「還好你有女兒幫你。這麼說女兒是第三代囉！」我也會心一笑，女兒不知何時已經回到工作檯。她從我身邊經過，半開玩笑地輕聲說，「我是誤入歧途啦！」

就算壓低音量，還是被母親聽見，「她都說她是誤入歧途，我就說，又沒人勉強你。她也可以像她姐，去做個吹冷氣的上班族阿。不用像我們，整天顧個小攤，在這裡流得滿身大汗，沒法度水水啦……」這母親邊逗女兒，邊笑著，連眼睛都瞇了起來。

雖是話家常，但此時她已拿出蔥肉餡料鍋，手依舊沒停過。所有的麵糰皆已各個均分，將之擀平，她正將餡料細緻地揉進麵糰裡。女兒也是。我後來才發現，二人動作幾乎如出一轍。

「還好有我幫你。不然看你一個人怎麼撐！又要做老麵，又要煮餡料，還要蒸包子……」女兒不甘示弱，略帶抗議地表示。如此般，你一句我一句，吱吱喳喳地，說過來頂回去。看似母女的「鬥嘴鼓」，但實際上，她們的表情卻洋溢著幸福。即使外人如我在現場，她們仍彼此真誠對待，流露親情的美味。

一切盡攬眼裡。沒等她們說完，我已打定主意。「我要待會兒蒸好的蔥肉包、紅豆包、筍肉包、香菇蛋黃肉包、黑糖饅頭各5個。」

母女倆聽完一怔，沒再說話，同時放下手上的麵糰。老母親開口了，「這麼多你吃得完嗎？」

「別擔心。」我泛出笑意對她們說。「我想拿去給家人吃的。這種母女共做，現揉現蒸、又費心以老麵發酵的包子，很難得的，一定要與最愛的人分享阿。」

快步跑向飲料店，那合力做包子的母女畫面仍迴繞腦中，耳邊又傳來「嗚——嗚——」的五分車鳴笛聲。我放慢了腳步，想起《鍾理和文選》裡的一段話。

「上好的天氣，糖廠的五分車哼著輕快的調子在藍天底下向前直奔。因為這狹軌鐵道，所以當車子走得快時它便擺來擺去，搖得很厲害。不過兩邊的風景是滿好的；右邊是阿里山系的餘脈……左邊是下淡水河……。」

回到飲料店時，我趕緊拿出「燒燒的包子」與家人分享。柔軟、燙手、新鮮豐富的內餡，我盡意地咬下。蔥香、豬肉味兒，交融仕小麥麵皮裡。另外的紅豆泥，含在嘴裡，優雅地化開，紅豆香氣停在慢火熬煉中。當幾十年過去，生命之輪跨過一個又一個世代，糖廠的故事仍留在老一輩的心裡。像是我父親，在觀光用的五分車中、在淘汰的蒸汽車頭裡、在停擺的製糖工廠外、在式微的甘蔗田內，悼念著過往一切。而此時，回味美好過去之時，我們也品嚐老街那數十年不變滋味的包子。而我呢，更細細咀嚼著，那對母女彼此守候的幸福配方。

■ 蒸好的肉包

通燕路

糖北路

橋頭路

橋頭區

十鼓橋頭糖文創園區

橋頭糖廠

■ 糖廠內的荔枝長的結實

■ 橋頭老街到了傍晚
化身為黃昏市場

■ 蒸好的花捲,有紅
蘿蔔與青蔥兩種口味

縱貫公路

橋南路

橋頭老街

台灣糖業博物館

興糖路

台糖冰品

走完一條老街選擇多多,肉燥
飯、滷肉飯、青草茶、舊戲院
旁的虱目魚,還有滿滿幸福味
的包子饅頭。

糖廠路

■ 老媽媽以老麵的麵皮
製作包子與饅頭

橋頭糖廠站

成功路

漫步在橋頭

橋頭北臨岡山,東鄰燕巢,西邊是靠海
的梓官,南方是楠梓加工區。日治時代
成立台灣第一座現代化糖廠。目前除了
糖廠日式建築,從捷運青埔站下車,亦
有台糖高雄花卉農園,提供漆彈場與烤
肉區。一旁還有橋頭馬術中心,有探索
教育及夏冬令營課程。

糖南路

■ 橋頭馬術中心之騎警隊

橋仔頭‧濃情御守的包子 橋頭區

Kaohsiung Map

■ 老舊的糖廠大門

報乎你哉

橋頭糖廠捷運站內有二間提供租賃的鐵馬店家,可讓人在最短的時間內將糖廠內逛一圈。出口一處往糖廠,但若想乘坐五分車,需往另一個出口。隨著時代轉換,公路普及,糖鐵多已撤除,主要轉為觀光使用,其中又以新營線,跨越急水溪為最長糖鐵。五分車亦泰半除役。只剩虎尾、善化糖廠,擔起運送甘蔗的工作。

■ 前往糖業博物館

蓮池潭與舊城

地瓜球－年輪豬腳－海功路牛肉麵

KAOHSIUNG

　　連日細雨的午後，稍稍放晴。陽光與厚雲角力，偶爾露出微弱光芒，像曙光，像盼望。空氣的微浮粒子被沖刷得乾淨了得，我聞到濕漉但爽朗的味道，像切開釋放出來的馥郁蘋果香。我得把握這美好時刻。一閃念，拾起薄外套，換件牛仔褲，我打算來趟舊城腳踏車之旅。

　　那麼從中都磚窯廠開始吧！雖然無法像法國人的「環法自行車隊」那樣專業，或是從台灣最北端的富貴角至屏東鵝鑾鼻的「一日雙塔」那般挑戰，但我相信，這趟旅程亦能兼具體能競速與縱情遊覽之功能，如此，我便知足。我綁好鞋帶，深深吸口氣，讓雨後氣息如薄荷涼透我的思緒。我將腳踏車騎進河畔公園，此時愛河水位略漲，滾滾湧流。我騎過愛河之心、三民一號公園、河堤綠帶、行抵微笑公園。再改走崇德路，至原生植物園區，上橋。

■ 百年不變舊城的黃昏

■ 滑水運動是近年來蓮池潭的熱門
活動之一

■ 自行車下橋後，看到的龜山公園

　　從橋面橫跨翠華路，東西南北來往的車輛在橋墩下穿梭，這條「愛
河連接蓮池潭自行車道」的最北端——蓮池潭即在眼前。

　　當腳踏車從白色天橋上滑行下來，我享受著有如幼年時溜滑梯的
快感，迎著湖面微風，讓風兒把我耳邊頭髮吹往天際。在環潭路緩慢剎
車，寬闊的蓮池潭於視野中一覽無遺。這裡是潭水東側，少了商家與攤
販，也少了吵雜人聲，倒是多了分柔和靜謐，當然也就聽得到鳥兒盡情
啼叫的樂音。我環顧四周，有人和我有志一同，騎著腳踏車；有人掛著
耳機，或步行或慢跑；有人於湖邊聚精會神正捕捉攝影鏡頭；有人坐在一
旁拿著畫筆調色盤寫生；也有人索性坐在長椅上望著湖面沉思。我牽著
腳踏車走著，遠眺，可以看到西側的喧擾。並排的大花傘、熙攘人群與
整池桃紅色盡情綻放的荷花。

　　蓮池潭，介在壽山國家自然公園之半屏山與龜山中央，潭水源自高
屏溪。清代用以灌溉四周的農田，以池中栽植蓮花得名。2009 年高雄
舉辦世界運動會，因為比賽場館之一，需進行輕艇水球、滑水和龍舟比
賽，而加以整治。如今整體規劃更臻於完整，加上串連龜山登山步道、
高雄物產館與左營舊城，使山清水秀的蓮池潭，增具文史風采。

　　我繼續往前騎，眼目餘光仍捨不得離開湖光山色。略過百年前興建
的孔廟與當年駐台美軍最愛的哈囉市場，鐵馬訓練尚未結束。我轉向蓮

潭路，進入潭水的西側，經萬年縣公園，舊城國小，在春秋閣附近便遇到絡繹不絕的旅客，這裡也多的是銷售紀念品或糕點的商家。

來到勝利路口，便能看見整個鳳山舊城的城牆。牆邊，瞅見個迷你攤販，周圍繞著大小朋友，這些人看來像當地居民，有幾個應是剛放學的國中生。我也跟著湊熱鬧，擠進人潮。梳著髮髻的婦人正用力大動作地攪拌油鍋，汗水自灰白鬢角旁不停地滴下來。只見金黃色的小球體在油鍋中一顆顆逐漸成形，載浮載沉。另旁大嬸則詢問著顧客，「來，換你了，要大份小份？」

我看了招牌，原來是賣地瓜球與芝麻球，買了包，倚著城牆吃著。球面脆皮，裡頭稍有空心，咬下去是有彈性的柔軟。由於剛剛離鍋，亦能嗅到地瓜的淡香。

環潭自行車的終點實際上應回到新庄仔路與環潭路處起點，但我想藉此拜訪舊城，遂拎著地瓜球邊吃著，邊順著城牆漫步，但走了幾步，卻發現不能自已。灰色、黑色交錯的石頭，記錄了戰火、哀嚎與傷痕。我每走一步，就好像又往前一百個年頭，先民的歡笑與淚水，如電影般跳動、活現在眼前。

舊城是台灣第一座土堡，合計東西南北四個城門，並設有炮台。乾隆年間，戰亂紛擾、打打殺殺、刀光劍影。後來因視之為不祥之地而將鳳山縣治遷往鳳山新城，舊城逐漸破舊毀損。直至道光年間重建，以咕咾石取代土牆，舊城變身為堅固石城。日本人來台，將左營港劃分為軍港，倚重此地的軍事戰略地位。二次大戰後，左營亦是軍眷棲身之地，分兵種安置在不同地區，於是成就各地眷村。竹籬、土牆圍起，巷口的吆喝聲、吵鬧聲、房子裡打牌聲，鍋盤聲，成村內最真實、具生命力的特色。

■ 地瓜球又稱 QQ 球

■ 城牆內的綠帶

■ 舊城旁有木棧道階梯

■ 棲息在舊城牆咕咾石裡的台灣
栗色蝸牛 / 林書亞攝影

■ 幾經朝代更迭的拱辰門

■ 拱辰門內的住戶人家

　　往蓮潭附近巷子裡看，仍有幾處保留舊時紅磚三合院。在菱角盛產的季節裡，這裡會有許多人家聚集，他們清洗著一筐筐從田裡摘來的菱角，將之放入大鍋，煮熟。傍晚前，便有三三兩兩騎著機車來採購的人們，將這些一大袋一大袋菱角，帶往黃昏市場銷售。

　　我持續走著。在勝利路與埤仔頭街街口頓了頓，停了下來。這裡是舊城的拱辰門，或稱之為北門。前面的斑馬線上還留著拱辰井的鐵蓋。古時外頭是練兵場與刑場，行刑之人在此穿梭。過了城門，是義民巷與舊城巷，住著隨國民政府來台的山東長山八島漁民與少數老兵。由於缺乏規劃，房舍狹小，老屋凋零。念大學時我曾到此一次，那回是陪同母親拜訪她某位好友。

　　這名朋友年紀稍長於母親，雖不識字，但卻憑藉著羅馬拼音，記錄許多事情。她有本小筆記簿，寫滿待做事項與讀書心得，全是拼音字體。母親是在一次讀書會中認識她，爾後成為好友。由於她山東籍的先生善於料理，那年春節，母親向她訂了十隻豬腳分送給親戚。取貨當日我便負責當搬運工，於是偕同母親到她家去。

　　自勝利路穿過北門時，那時的我心想，「哇塞！原來城門裡面也有社區阿。」別笑我，雖是土生土長，但在地文化教育，還真的得靠自學。過去我從沒機會到進

■ 老闆娘的婆婆正在現包水餃

入拱門內部，總是匆匆拍照，就此路過。那次可說是增長見識。

跟著母親的步伐，數著門牌號碼，我們找到她家，按了按門鈴。在對方開門前，端詳了門口、房屋與周遭。大門漆成了紅色，但油漆多半已剝落。電線桿上的電線約略垂掛，穿過一戶又一戶的人家。圍牆老舊，屋頂微微傾斜，巷子二邊的房舍幾乎都如此。母親朋友來應門，她笑容可掬，搖擺著發福的身軀，開心地領我們入內，直到以鐵皮搭建的廚房。她的先生戴著像蔣經國的眼鏡，正將豬腳一隻隻打點好，準備裝進袋子裡。

豬腳成油亮的咖啡色，以米白棉線纏繞，如同繫著交叉細繩的靴子。他抬頭望見我們走進，便取了其中一隻豬腳，放上砧板，拿起一把鋒利長刀，他迅速切了幾片，裝盤，端過來給我們。然後說著，「這豬肘子已經去骨，我用老家特有的醬料醃製做成的。回去只要冷藏，要吃的時候，像這樣拿出來切片就好了。你們看，這豬腳片像不像年輪，一層焦糖的外皮，一層晶瑩透頂的薄凍，一層雪白脂肪，一層玫瑰色的紅肉。來，現在要不要先嚐嚐看。」

豬腳，果真像年輪。每吃到一層，就有不同咬勁與風味。那年母親的親民政策奏效，阿姨叔叔都打電話詢問，是誰家的豬腳那麼美味？正回憶時，舌尖上的味蕾情不自禁也跟著啟動，才發覺自己還滿餓的。手上的地瓜球只是小點心，根本不足果腹。我想起母親的拿手牛肉麵，於是轉念，現在就想來碗熱呼呼的牛肉麵，便起意往海功路一間常吃的店去。

從左營大路到海功路，路上都有許多好店，有烤鴨、餛飩老店、市場內的切仔料、餡餅北方菜餐廳等。海功路上亦有幾間知名牛肉麵店、

■ 現包水餃長得像元寶般

■ 這裡的牛肉有著霸氣的厚實

刀削麵、小籠包店。這次到訪的麵店，無特別裝潢，但就是吃了很多年，我很喜歡她的牛肉湯頭、麵條與現包現煮的水餃。麵條吃得出香氣與新鮮度，水餃皮亦是。牛肉並非一般薄片，是霸氣的厚實，整塊整塊地。老闆娘做了很多年，街坊的老兵是常客。她的婆婆常來店裡幫忙，餃子便由婆婆經手，一顆一顆，包餡、捏好，完全不馬虎。幾年下來，她的步履已漸遲緩，但看到客人，仍會微微笑，「來點滷菜嗎？剛滷好的。」

我點了一桌好料，暢快吃著，直到飽足。回到蓮池潭，將腳踏車整理好，我騎上歸程。我想無論如何都得完成這趟自行車之旅，於是往新庄仔路走。接近終點時，湖面傳來「阿哈」的尖叫聲，聲音雖驚悚但充滿愉悅。原來最近西風極限運動來到高雄。市政府與德商合作，開闢了滑水樂園，這會兒正是玩家衝浪時刻。

坦白說，直到剛剛那刻，心情依舊多少低落鬱悶。無論度過幾個春夏秋冬，偶爾，我仍會感到淡淡憂傷。今天的一切，拱辰門也好，豬腳、牛肉麵都好，所有皆讓我想起母親。母親那位朋友，在她病重時來探望幾回，每次都拜託別人開車或騎車載她，而後風塵僕僕抵達。她會提著二顆橘子，或幾把自己種的青菜來給我。當然事隔多年的今天，我也完全記不得她家門牌號碼，只能在北門牆旁感謝她曾付出的真心。但現在，當下這群滑水客，他們驚喜、歡呼，滑板的動感、繩索的張力與浪花的激情，卻實實在在沖淡了我心中的哀慟之情。

我在潭邊凝視了許久許久。直到烏雲再次密布，大夥提著滑板收工。我也感到輕鬆多了。人生，該忘記背後，努力面前，向著標竿直跑。

不能再說了。該就此告別的，左營舊城。我得趕在大雨紛飛前快點騎到家。

金黃地瓜球。
棉線冰糖豬腳。
韭菜水餃。
紅燒牛肉麵。

■ 烏雲密布之時

海功路

左營區

海功路上有幾家知名的牛肉麵、刀削麵、小籠包店可選擇。

翠明路

一起來考古

左營舊城原本只剩下東門、南門、北門與些許傾圮城牆。2014年，在日據初期拆除的舊城西門，因自治新村的遷移而重見天日。2016年文化部初審通過舊城的「見城計畫」，將修復毀壞的城牆與護城河舊貌，進而串連整個舊城。2017年2月，日本教授抵達左營舊城查看在二次大戰中，比擬神風特攻隊自殺式攻擊的海上震洋隊神社。及至4月，又出土清代乾隆石碑，石碑上的「索大老爺德政盃」仍清晰完整。目前文化局推動「見城一日旅人」，為實際體驗行腳舊城的築城、遺跡考古的活動。

左營大路

菜公路

左營孔子廟

孔營路

元帝路

■ 古鳳山縣舊城南門「啟文門」

左營元帝廟

■ 蓮池潭旁的地瓜球

左營下路

蓮潭路

蓮池潭

店仔頂路

環潭路

高雄都會快速公路

蓮池潭風景區

高雄市物產館

蓮潭滑水主題公園

鳳山縣舊城拱辰門（北門）

龜山登山步道

勝利路

半屏山登山步道

半屏山後巷

■ 牛肉麵的牛肉是
大塊的牛腩

■ 灑下青蔥，那剛
出爐的滷味

■ 遠望湖畔的高雄物產館

蓮池潭與舊城・地瓜球-
年輪豬腳-海功路牛肉麵

左營區

Kaohsiung Map

報乎你哉

「愛河連接蓮池潭自行車道」是從真愛碼頭開始，經電影圖書館，接同盟三路、微笑公園，至蓮池潭環潭的自行車道。當走到崇德路過了翠華路，將一分為二，左為新莊仔路，右邊則是環潭路，而兩條路交叉路口，便是蓮池潭風景區的入口。這個區塊是交通往來頻仍，極為複雜的路段。鐵路軌道與翠華路平行，平交道仍常聽到「噹噹噹噹」，而後柵欄放下的聲音。翠華路北行，過高雄物產館、洲仔溼地公園，便為半屏山與高鐵左營站；反向南行，是甫啟用的美國學校、果貿社區、高雄市美術館與內惟文化園區。

■ 停放在湖邊的帆船

與你有約——

高雄的百樣滋味

國家圖書館出版品預行編目資料

新港都.舊食光：高雄巷弄間的百樣滋味/
楊路得著. -- 初版. -- 台中市：晨星, 2017.10
面；　公分. -- (台灣地圖 ; 41)
ISBN 978-986-443-346-9(平裝)

1.旅遊 2.餐飲業 3.高雄市

733.9/131.6　　　　　　　　　　106015795

台灣地圖041

新港都・舊食光

──高雄巷弄間的百樣滋味

作者	楊路得
主編	徐惠雅
執行主編	胡文青
校對	胡文青、秦芸嫻、陳育茹、楊路得
美術編輯	李岱玲
封面設計	陳正桓

創辦人	陳銘民
發行所	晨星出版有限公司
	台中市407工業區30路1號
	TEL：（04）23595820　FAX：（04）23550581
	E-mail：service@morningstar.com.tw
	http：//www.morningstar.com.tw
	行政院新聞局局版台業字第2500號
法律顧問	陳思成律師
初版	西元2017年10月20日
郵政劃撥	22326758（晨星出版有限公司）
讀者服務專線	04-23595819#230

印刷	上好印刷股份有限公司

定價 450元

ISBN　978-986-443-346-9
Published by Morning Star Publishing Inc.
Printed in Taiwan

廣告回函
台灣中區郵政管理局
登記證第267號
免貼郵票

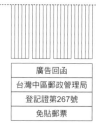

407
台中市工業區30路1號
晨星出版有限公司

請沿虛線摺下裝訂，謝謝！

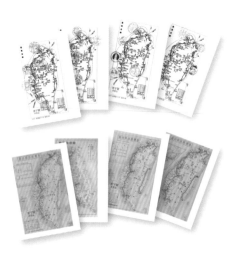

填問卷，送好禮：

凡填妥問卷後寄回，只要附上60元郵票（工本費），
我們即贈送好書禮：
「鐵道懷古郵戳明信片No1.：鐵道古郵戳」以及
「鐵道懷古地圖明信片No.2：鐵道古地圖」兩組八張

天文、動物、植物、登山、生態攝影、自然
風DIY……各種最新最夯的自然大小事，盡在
「晨星自然」臉書，快點加入吧！

台灣文化大小事，以圖解與視覺方式精采呈現
邀請您加入臉書行列

一分萬十六尺縮

スト位單ヶ以ヲ尺ハ高標

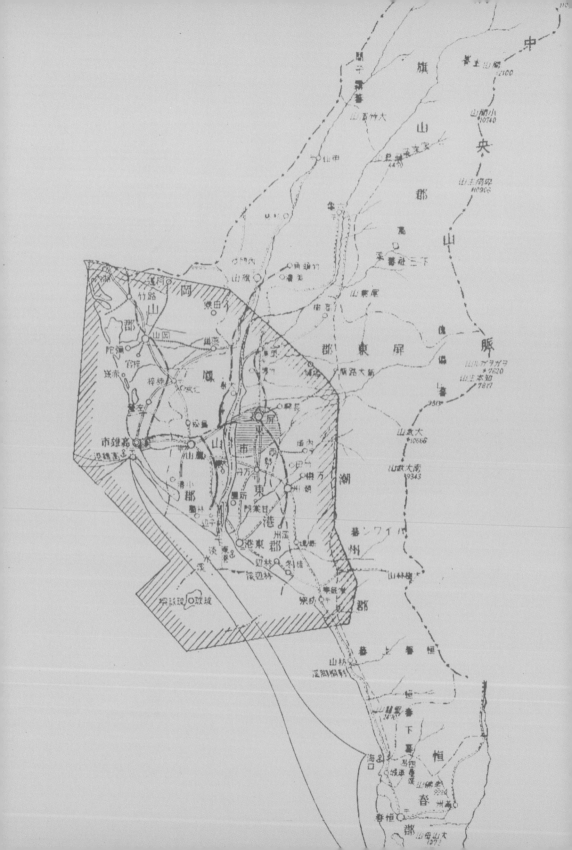